高等职业教育水利类新形态系列教材

水利工程制图与CAD习题集（活页式）

主　编　鲁俊蓉　王君丽　胡建平

副主编　张　鹏　林　欢　刘　斌　王佐奇

中国水利水电出版社

www.waterpub.com.cn

·北京·

内 容 提 要

本习题集是“水利工程制图与CAD”课程的实践性配套教材，以“基础理论—软件技能—工程应用”为主线，围绕水利工程制图、CAD技术及专业图样三大模块展开，共设置9大任务，系统构建学生的空间思维与工程实践能力。

本习题集通过任务1掌握基本制图标准和绘图步骤强化学生规范意识；通过任务2绘制基本体的三视图、任务3绘制组合体的三视图、任务4绘制轴测图、任务5绘制剖视图和断面图、任务6绘制水工建筑物的标高投影、任务7绘制水工建筑物的常见曲面训练学生空间思维能力；通过任务8掌握CAD绘图基础知识实现制图原理与数字化技术的衔接；通过任务9识读与绘制水利工程图样提升学生解决工程问题的能力。

本习题集特别适合水利类高职高专学生使用，也可供工程技术人员作为参考。

图书在版编目（CIP）数据

水利工程制图与CAD习题集 : 活页式 / 鲁俊蓉, 王君丽, 胡建平主编. -- 北京 : 中国水利水电出版社, 2024. 10. -- (高等职业教育水利类新形态系列教材).

ISBN 978-7-5226-2891-2

Ⅰ. TV222.1-44

中国国家版本馆CIP数据核字第20245JX387号

书　　名	高等职业教育水利类新形态系列教材 **水利工程制图与CAD习题集（活页式）** SHUILI GONGCHENG ZHITU YU CAD XITIJI (HUOYESHI)
作　　者	主　编　鲁俊蓉　王君丽　胡建平 副主编　张　鹏　林　欢　刘　斌　王佐奇
出版发行	中国水利水电出版社 （北京市海淀区玉渊潭南路1号D座　100038） 网址：www.waterpub.com.cn E-mail：sales@mwr.gov.cn 电话：(010) 68545888（营销中心）
经　　售	北京科水图书销售有限公司 电话：(010) 68545874、63202643 全国各地新华书店和相关出版物销售网点
排　　版	中国水利水电出版社微机排版中心
印　　刷	北京市密东印刷有限公司
规　　格	260mm×184mm　横16开　12.25印张　179千字
版　　次	2024年10月第1版　2024年10月第1次印刷
印　　数	0001—1500册
定　　价	**45.00**元

前言

“水利工程制图与CAD”是水利工程专业重要的专业基础课程，也是一门实践性非常强的课程。本习题集由校企合作共建，融通岗课赛证，增加了丰富的数字资源，且注重实践操作，与《水利工程制图与CAD》主教材配合，让学生在做中学、学中做，更好地掌握水利工程识图与绘图技能，培养学生科学严谨、一丝不苟、精益求精的科学精神。

本习题集的主要特点：

1. 校企合作、岗课融合。通过校企合作的方式，教材紧密结合水利工程技术人才的实际需求，大量引入水利工程案例，包括重力坝、土石坝、渡槽、钢筋等图样，有效地提升水利工程专业技术岗位对学生专业技能的需求。

2. 循序渐进、内容系统。从投影理论到水利工程图样的表达，从CAD软件的基本操作到复杂专业图纸的绘制，习题集紧密围绕水利工程制图与CAD的知识点，引导学生循序渐进地学习，促进学生掌握水利工程制图和识图的技术技能。

3. 赛证融通、注重实践。习题集大量引入水利工程竞赛案例，如“高教杯”全国大学生先进成图技术与产品信息建模创新大赛、全国水利高等职业院校技能大赛等竞赛案例，让学生在练习过程中熟悉水利工程图纸的绘制要求和规范，提高解决实际问题的能力。

4. 资源丰富、提升兴趣。习题集大部分试题都录制了解题思路和方法步骤，并制作了三维模型，方便学生理解图样，降低学生学习制图的难度，有效提升学生学习的兴趣和学习效率。

建议使用习题集的方法：

1. 合理制订学习计划。根据课程进度，学完理论就完成习题集对应任务，因为课程的设置环环相扣，前面的知识是后面所学知识的基础，所以要确保有足够的时间进行练习、思考和巩固，不留疑问进入后续学习。

2. 强化动手操作实践。在绘制水利工程图样时，要严格按照规范要求，培养良好的绘图习惯。CAD软件的学习离不开实际操作，多花时间在计算机上进行绘图练习，熟悉软件的各种功能和操作技巧。

3. 巧妙利用视频资源。在练习过程中尽量独立完成题目后再看解题视频，经过自己分析思考后再看视频，使用对比的学习方法，比较别人和自己的思路有何不同，学习别人好的方法，思考和实践后再去对比、反思、总结，能有更大的收获和更好的提升。

4. 积极参与交流讨论。可以与同学组成学习小组，共同讨论习题中的难题，分享学习心得和经验，这样不仅可以加深对知识的理解，还能拓宽思路，提高学习效率。

本习题集由广东水利电力职业技术学院鲁俊蓉、王君丽、胡建平、刘斌、林欢、张鹏和中国水利水电第八工程局有限公司王佐奇共同编写，希望这本教材能够给大家开启一段巩固知识、提升技能的学习之旅，成为你学习水利工程制图与CAD的得力助手，帮助你在水利工程领域中迈出坚实的步伐，为国家的水利事业贡献自己的力量。

在编写过程中，我们参考了大量的相关教材和文献资料，并得到了许多专家和同行的支持与帮助，在此表示衷心的感谢。

由于时间仓促和编者水平有限，书中难免存在不足之处，欢迎广大读者批评指正。

编者

2024年9月25日

“行水云课”数字教材使用说明

“行水云课”水利职业教育服务平台是中国水利水电出版社立足水电、整合行业优质资源全力打造的“内容”+“平台”的一体化数字教学产品。平台包含高等教育、职业教育、职工教育、专题培训、行水讲堂五大版块，旨在提供一套与传统教学紧密衔接、可扩展、智能化的学习教育解决方案。

本套教材是整合传统纸质教材内容和富媒体数字资源的新型教材，它将大量图片、音频、视频、3D动画等教学素材与纸质教材内容相结合，用以辅助教学。读者可通过扫描纸质教材二维码查看与纸质内容相对应的知识点多媒体资源，完整数字教材及其配套数字资源可通过移动终端App、“行水云课”微信公众号或中国水利水电出版社“行水云课”平台查看。

多媒体知识点索引

序号	资 源 名 称
	视 频 讲 解
1	2-1 根据例题完成题目【视频讲解】
2	2-2 根据立体图补绘三视图中所缺图线【视频讲解】
3	2-3 根据立体图绘制三视图【视频讲解】
4	2-4-1 绘制点的投影【视频讲解】
5	2-4-2 绘制点的投影【视频讲解】
6	2-5-1 绘制直线的投影【视频讲解】
7	2-5-2 绘制直线的投影【视频讲解】
8	2-5-3 绘制直线的投影【视频讲解】
9	2-6-1 绘制平面的投影【视频讲解】
10	2-6-2 绘制平面的投影【视频讲解】
11	2-6-3 绘制平面的投影【视频讲解】
12	2-7 补绘平面体的三视图【视频讲解】
13	2-8 补绘平面体的第三面投影【视频讲解】
14	2-9 补绘曲面体的三视图【视频讲解】
15	2-10 补绘曲面体的第三面投影【视频讲解】
16	2-11 补绘平面体的第三面投影，并补绘立体表面上点的投影【视频讲解】
17	2-12 补绘曲面体的第三面投影，并补绘立体表面上点的投影【视频讲解】
18	2-13-1 绘制立体的表面交线 1【视频讲解】

续表

序号	资 源 名 称
19	2-13-2 绘制立体的表面交线 1【视频讲解】
20	2-14-1 绘制立体的表面交线 2【视频讲解】
21	2-14-2 绘制立体的表面交线 2【视频讲解】
22	2-15-1 绘制立体的表面交线 3【视频讲解】
23	2-15-2 绘制立体的表面交线 3【视频讲解】
24	2-15-3 绘制立体的表面交线 3【视频讲解】
25	3-1-1 根据组合体的轴测图绘制三视图【视频讲解】
26	3-1-2 根据组合体的轴测图绘制三视图【视频讲解】
27	3-2 标注组合体尺寸【视频讲解】
28	3-3-1 补绘三视图【视频讲解】
29	3-3-2 补绘三视图【视频讲解】
30	3-3-3 补绘三视图【视频讲解】
31	3-4-1 补绘图中所缺图线 【视频讲解】
32	3-4-2 补绘图中所缺图线 【视频讲解】
33	4-1-1 根据形体的视图绘制正等测图【视频讲解】
34	4-1-2 根据形体的视图绘制正等测图【视频讲解】
35	4-2 根据形体的视图绘制斜二测图【视频讲解】
36	5-1 根据主、俯视图，补绘其他四个视图【视频讲解】
37	5-2 绘制 A 向斜视图与 B 向局部视图【视频讲解】
38	5-3-1 绘制剖视图【视频讲解】
39	5-3-2 绘制剖视图【视频讲解】
40	5-3-3 绘制剖视图【视频讲解】
41	5-3-4 绘制剖视图【视频讲解】

续表

序号	资 源 名 称
42	5-3-5 绘制剖视图【视频讲解】
43	5-3-6 绘制剖视图【视频讲解】
44	5-4-1 绘制断面图【视频讲解】
45	5-4-2 绘制断面图【视频讲解】
46	5-4-3 绘制断面图【视频讲解】
47	5-5 绘制水池图样【视频讲解】
48	5-6 绘制渠道图样【视频讲解】
49	6-1 绘制点、线、面及平地面上建筑物的标高投影【视频讲解】
50	6-2 绘制平地面上建筑物的标高投影【视频讲解】
51	6-3 绘制地形面上建筑物的标高投影【视频讲解】
52	6-4 绘制大坝的标高投影【视频讲解】
53	6-5 绘制地形面上建筑物的标高投影【视频讲解】
54	7-1-1 绘制水工建筑物常见曲面【视频讲解】
55	7-1-2 绘制水工建筑物常见曲面【视频讲解】
56	7-2 绘制扭曲过渡段【视频讲解】
57	8-1-1 创建水利工程图样板文件【视频讲解】
58	8-1-2 创建水利工程图样板文件【视频讲解】
59	8-2-1 绘制平面图形【视频讲解】
60	8-2-2 绘制平面图形【视频讲解】
61	8-2-3 绘制平面图形【视频讲解】
62	8-2-4 绘制平面图形【视频讲解】
63	8-2-5 绘制平面图形【视频讲解】
64	8-2-6 绘制平面图形【视频讲解】

续表

序号	资 源 名 称
65	9-1-1 识读与绘制水闸图样【视频讲解】
66	9-1-2 识读与绘制水闸图样【视频讲解】
67	9-2-1 识读与绘制重力坝图样【视频讲解】
68	9-2-2 识读与绘制重力坝图样【视频讲解】
69	9-3-1 识读与绘制土石坝图样【视频讲解】
70	9-3-2 识读与绘制土石坝图样【视频讲解】
71	9-4-1 识读与绘制渡槽图样【视频讲解】
72	9-4-2 识读与绘制渡槽图样【视频讲解】
73	9-5-1 识读与绘制溢洪道图样【视频讲解】
74	9-5-2 识读与绘制溢洪道图样【视频讲解】
75	9-6-1 识读与绘制钢筋图样【视频讲解】
76	9-6-2 识读与绘制钢筋图样【视频讲解】
77	9-7-1 识读与绘制房屋图样【视频讲解】
78	9-7-2 识读与绘制房屋图样【视频讲解】
79	9-7-3 识读与绘制房屋图样【视频讲解】
80	9-7-4 识读与绘制房屋图样【视频讲解】
81	9-7-5 识读与绘制房屋图样【视频讲解】
三 维 资 源	
82	2-7 绘制平面体的三视图【三维资源】
83	2-8 补绘平面体的第三面投影【三维资源】
84	2-9 绘制曲面体的三视图【三维资源】
85	2-10 补绘曲面体的第三面投影【三维资源】
86	2-11 补绘平面体的第三面投影，并补绘立体表面上点的投影【三维资源】

续表

序号	资 源 名 称
87	2-12 补绘曲面体的第三面投影，并补绘立体表面上点的投影【三维资源】
88	2-13-1 绘制立体的表面交线 1【三维资源】
89	2-13-2 绘制立体的表面交线 1【三维资源】
90	2-14-1 绘制立体的表面交线 2【三维资源】
91	2-14-2 绘制立体的表面交线 2【三维资源】
92	2-15-1 绘制立体的表面交线 3【三维资源】
93	2-15-2 绘制立体的表面交线 3【三维资源】
94	2-15-3 绘制立体的表面交线 3【三维资源】
95	3-1-1 绘制组合体的三视图【三维资源】
96	3-1-2 绘制组合体的三视图【三维资源】
97	3-2 标注组合体尺寸【三维资源】
98	3-3-1 补绘三视图【三维资源】
99	3-3-2 补绘三视图【三维资源】
100	3-3-3 补绘三视图【三维资源】
101	3-4-1 补绘图中所缺图线 【三维资源】
102	3-4-2 补绘图中所缺图线 【三维资源】
103	4-1-1 根据形体的视图绘制正等测图【三维资源】
104	4-1-2 根据形体的视图绘制正等测图【三维资源】
105	4-2 根据形体的视图绘制斜二测图【三维资源】
106	5-1 根据主、俯视图，补绘其他四个视图【三维资源】
107	5-2 绘制 A 向斜视图与 B 向局部视图【三维资源】
108	5-3-1 绘制剖视图【三维资源】
109	5-3-2 绘制剖视图【三维资源】

续表

序号	资 源 名 称
110	5-3-3 绘制剖视图【三维资源】
111	5-3-4 绘制剖视图【三维资源】
112	5-3-5 绘制剖视图【三维资源】
113	5-3-6 绘制剖视图【三维资源】
114	5-4-1 绘制断面图【三维资源】
115	5-4-2 绘制断面图【三维资源】
116	5-4-3 绘制断面图【三维资源】
117	5-5 绘制水池图样【三维资源】
118	5-6 绘制渠道图样【三维资源】
119	7-1-1 绘制水工建筑物常见曲面【三维资源】
120	7-1-2 绘制水工建筑物常见曲面【三维资源】
121	7-2 绘制扭曲过渡段【三维资源】

多媒体知识点二维码

一、视频讲解二维码

2－1　2－2　2－3　2－4－1　2－4－2　2－5－1　2－5－2　2－5－3

2－6－1　2－6－2　2－6－3　2－7　2－8　2－9　2－10　2－11

2－12　2－13－1　2－13－2　2－14－1　2－14－2　2－15－1　2－15－2　2－15－3

3－1－1　3－1－2　3－2　3－3－1　3－3－2　3－3－3　3－4－1　3－4－2

4 - 1 - 1　4 - 1 - 2　4 - 2　5 - 1　5 - 2　5 - 3 - 1　5 - 3 - 2　5 - 3 - 3

5 - 3 - 4　5 - 3 - 5　5 - 3 - 6　5 - 4 - 1　5 - 4 - 2　5 - 4 - 3　5 - 5　5 - 6

6 - 1　6 - 2　6 - 3　6 - 4　6 - 5　7 - 1 - 1　7 - 1 - 2　7 - 2

8 - 1 - 1　8 - 1 - 2　8 - 2 - 1　8 - 2 - 2　8 - 2 - 3　8 - 2 - 4　8 - 2 - 5　8 - 2 - 6

9 - 1 - 1　9 - 1 - 2　9 - 2 - 1　9 - 2 - 2　9 - 3 - 1　9 - 3 - 2　9 - 4 - 1　9 - 4 - 2

9－5－1 9－5－2 9－6－1 9－6－2 9－7－1 9－7－2 9－7－3 9－7－4

9－7－5

二、三维资源二维码

2－7 2－8 2－9 2－10 2－11 2－12 2－13－1 2－13－2

2－14－1 2－14－2 2－15－1 2－15－2 2－15－3 3－1－1 3－1－2 3－2

3－3－1 3－3－2 3－3－3 3－4－1 3－4－2 4－1－1 4－1－2 4－2

5－1　5－2　5－3－1　5－3－2　5－3－3　5－3－4　5－3－5　5－3－6

5－4－1　5－4－2　5－4－3　5－5　5－6　7－1－1　7－1－2　7－2

目录

任务1　掌握基本制图标准和绘图步骤

1-1　练习字体　　　　班级　　　　学号　　　　姓名

1. 抄写汉字。

工 程 制 图 国 家 标 准 土 石 坝 重 力 坝 水 闸 溢 洪 道 渡 槽 枢 纽 总 布 置

钢 筋 混 凝 土 房 屋 建 筑 平 立 剖 面 详 说 明 设 计 核 定 比 例 审 核 日 期

2. 抄写数字和字母。

0123456789ABCDEFGHIJKLMNOPQRSTUVWXYZ

0123456789abcdefghijklmnopqrstuvwxyz

1-2 练习线型

班级　　学号　　姓名

1.抄绘图线。

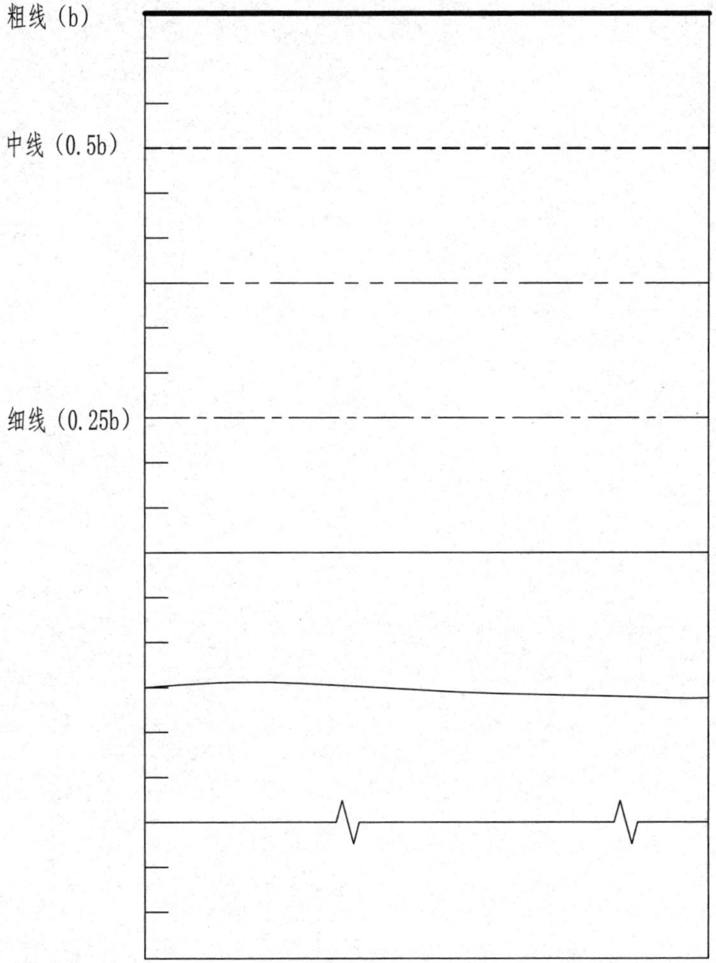

2.抄绘左右对称的图线。

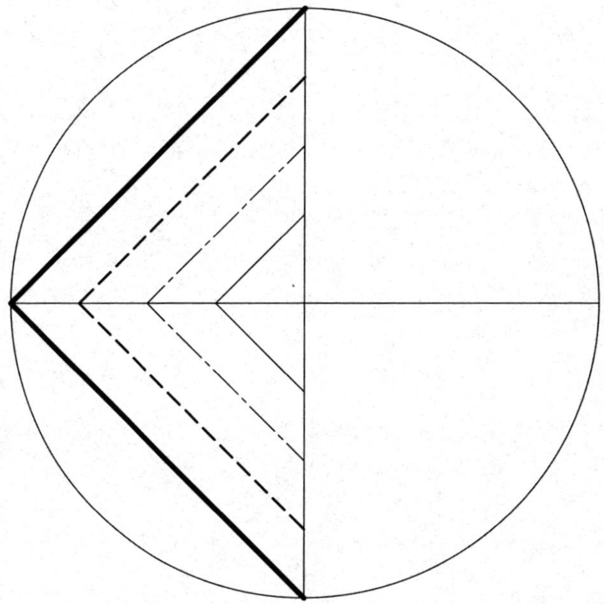

1-3 标注尺寸

班级　　　　学号　　　　姓名

1. 标注尺寸起止符、尺寸数字（1∶1在图中量取）。

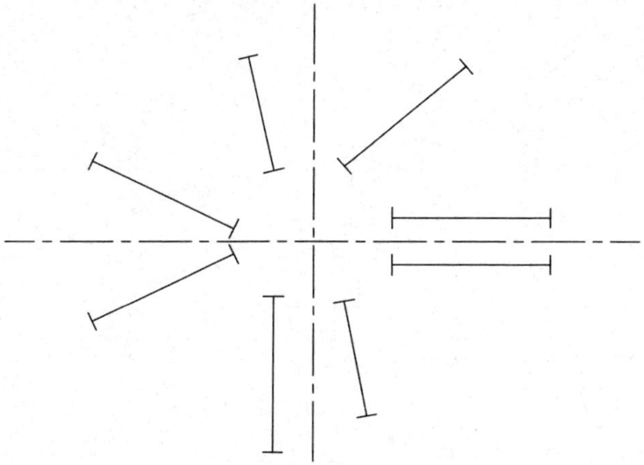

2. 标注角度尺寸（角度数值从图中量取，并取整数，注意字头方向）。

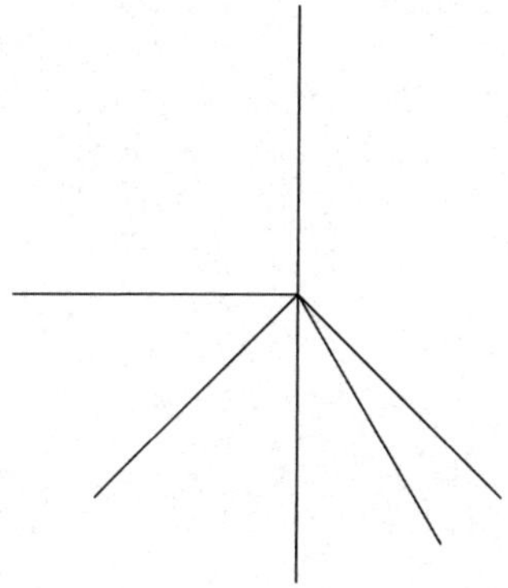

3. 找出图中尺寸标注的错误，将正确的注法标注在右图中。

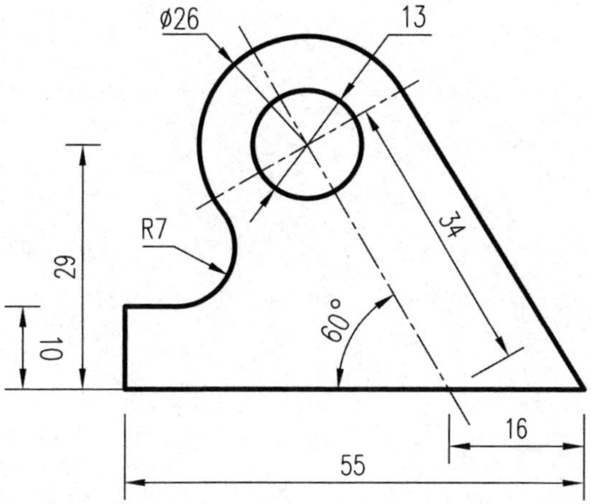

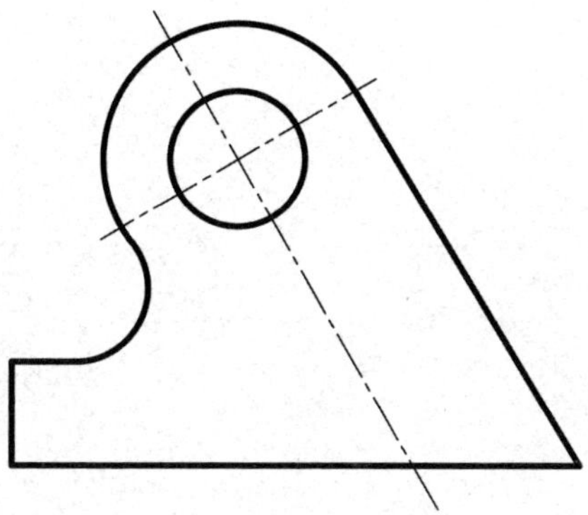

4.分析图中的尺寸注法，并在下图中模仿标注。

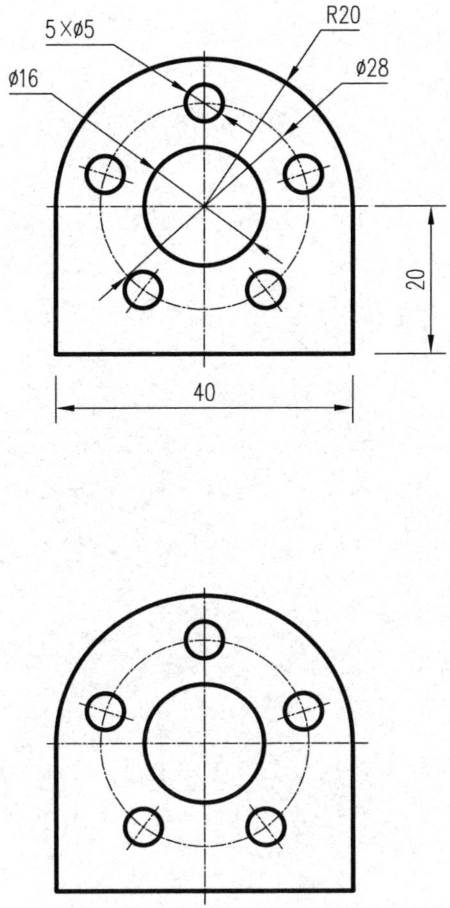

5.分析下图中小尺寸的各种尺寸注法，并在相应图中模仿标注。

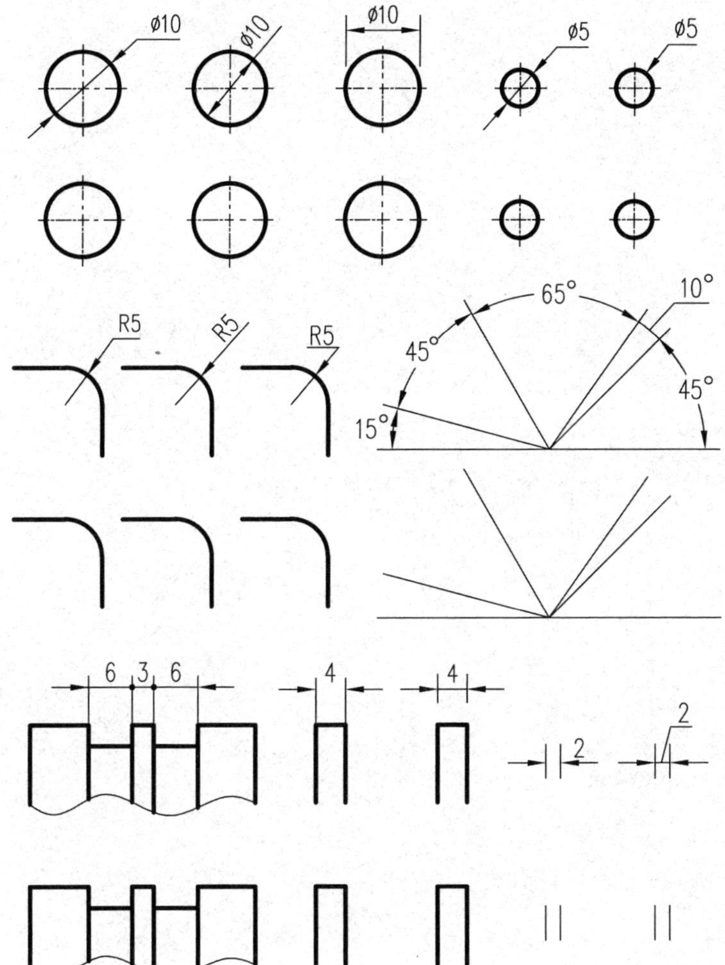

6.按1∶1比例将图绘制在A4图纸上，标注尺寸。要求布图合理，图形正确，连接光滑，图线、字体、尺寸标注符合国家标准要求。

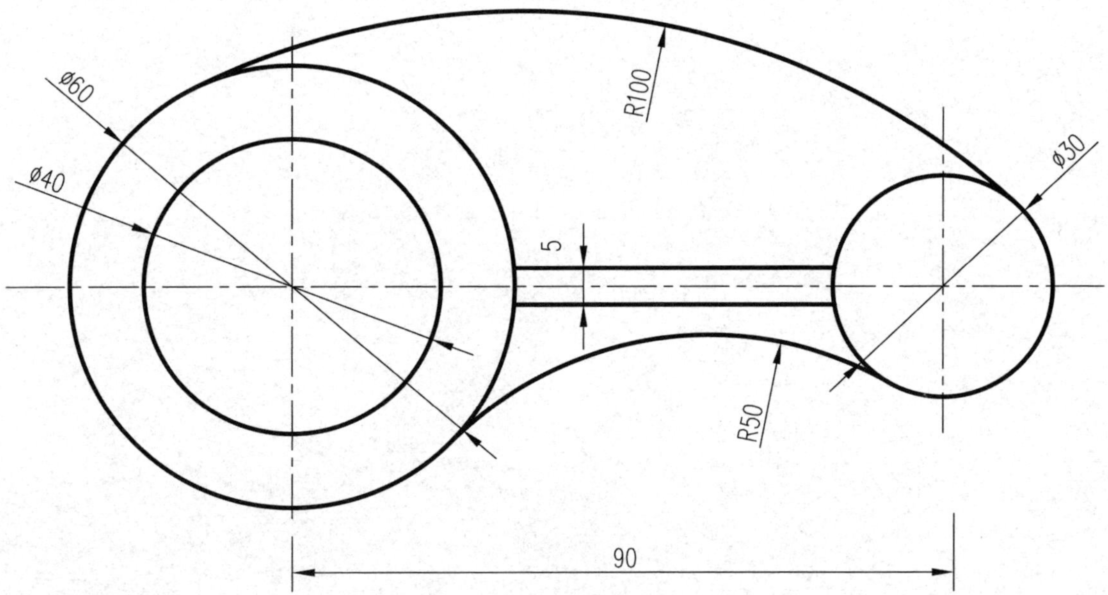

7.选用适当比例，将下列图形绘制在A3幅面图纸上。要求采用非装订式图框，布图均匀，连接光滑，图线、文字、尺寸等符合有关标准要求。

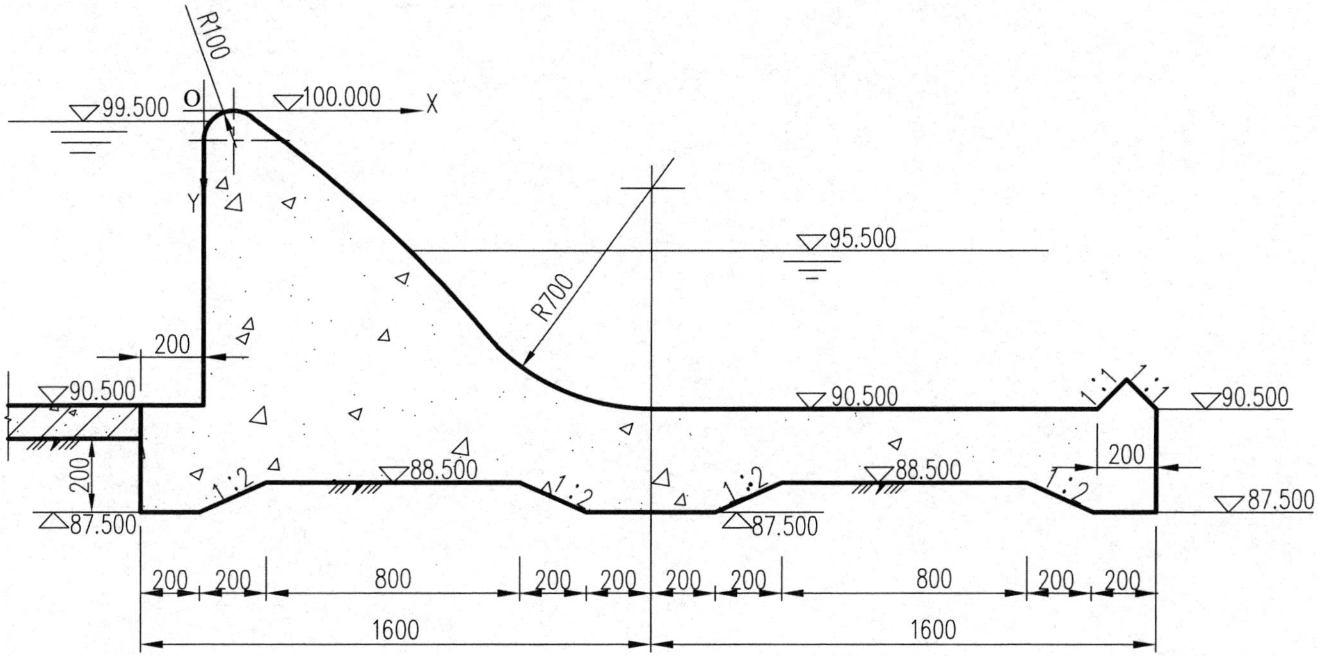

滚水坝　　比例：1∶200　　　　单位：cm

坝面曲线坐标（m）

O X Y	X	1	2.7	4.1	5.9	7.2	8.7	10.6
	Y	0	0.5	1.7	3.7	5.5	7.1	8.5

任务2　绘制基本体的三视图

2-1　根据例题完成题目

班级　　　　　　学号　　　　　　姓名

例

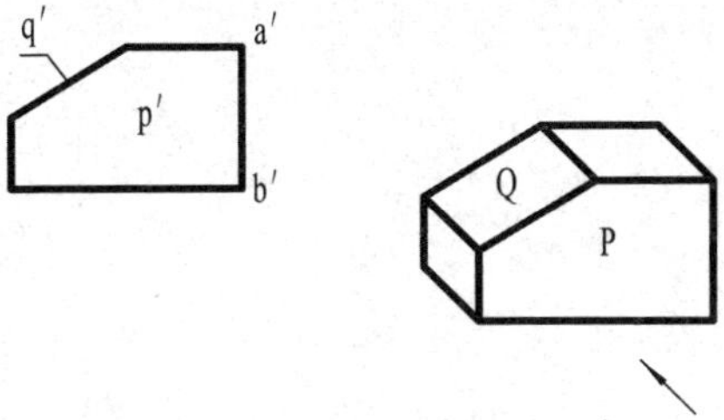

P平面平行于投影面，投影反映实形；

Q平面垂直于投影面，投影积聚为直线；

AB直线平行于投影面，投影反映实长。

1.

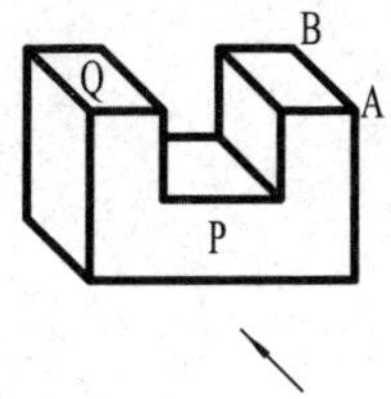

P平面 ______ 于投影面，______________；

Q平面 ______ 于投影面，______________；

AB直线 ______ 于投影面，______________。

2.

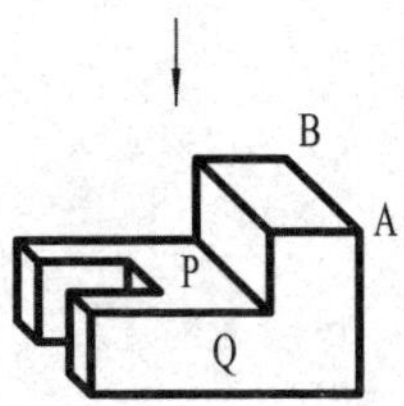

P平面 ______ 于投影面，______________；

Q平面 ______ 于投影面，______________；

AB直线 ______ 于投影面，______________。

3.

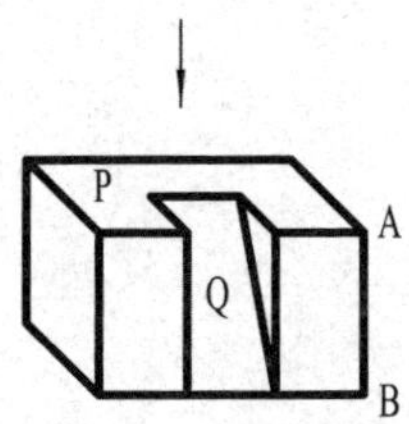

P平面 ______ 于投影面，______________；

Q平面 ______ 于投影面，______________；

AB直线 ______ 于投影面，______________。

1.

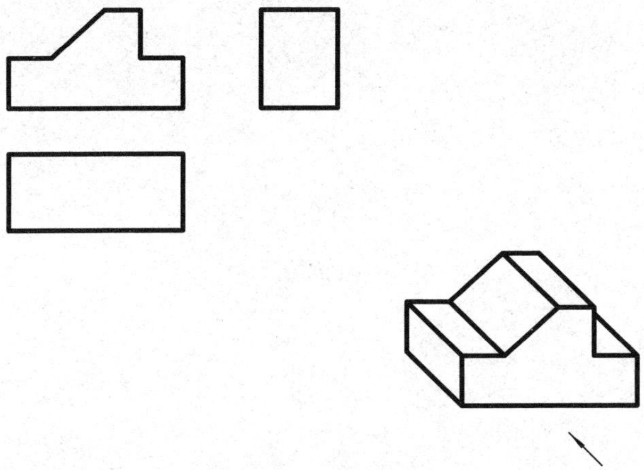

2.

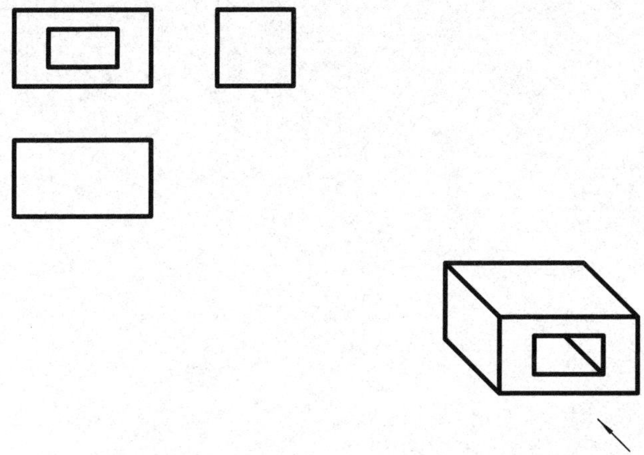

3.

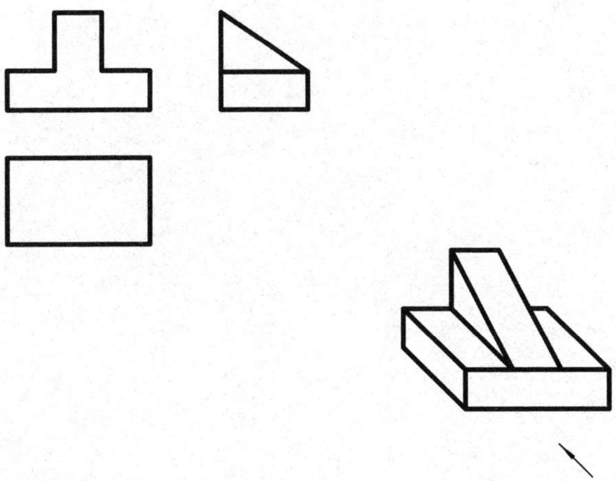

4.

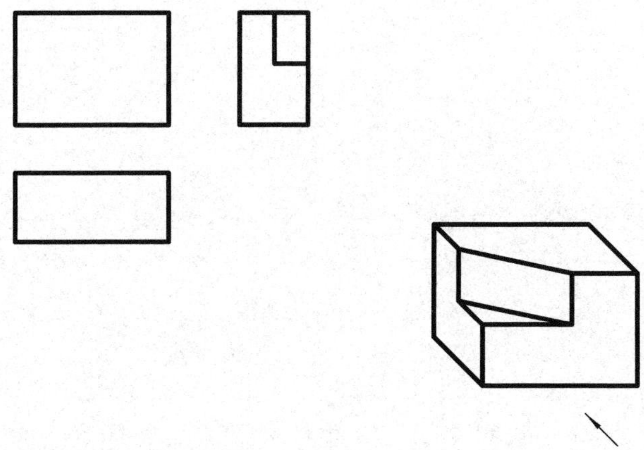

2-3 根据立体图绘制三视图（尺寸在立体图上量取） 班级 学号 姓名

1.

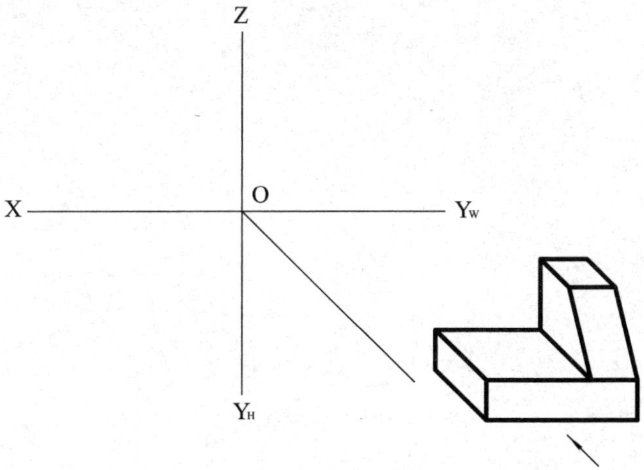

2.

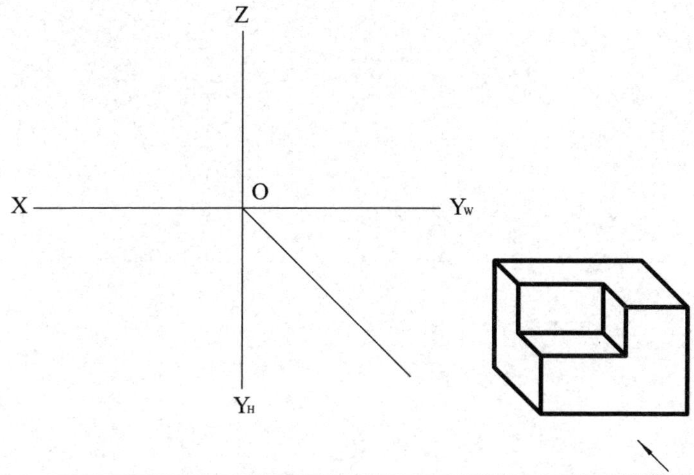

3.

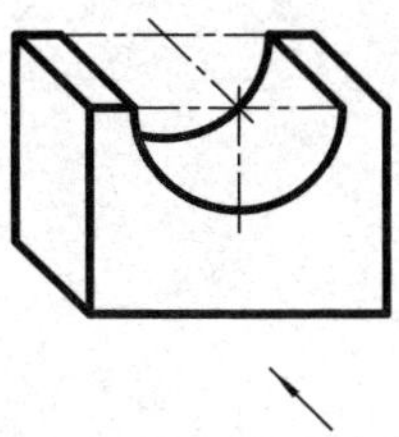

4.

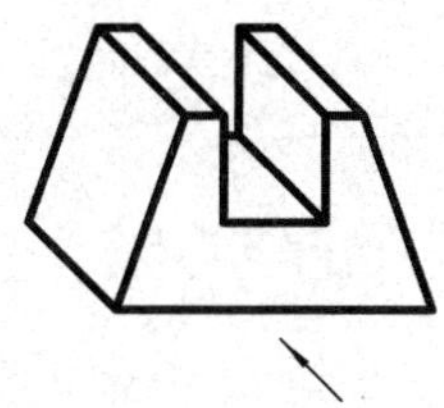

2-4　绘制点的投影（单位：mm）　　　　班级　　　　学号　　　　姓名

1. 已知A、B、C三点的两面投影，试求其第三面投影。

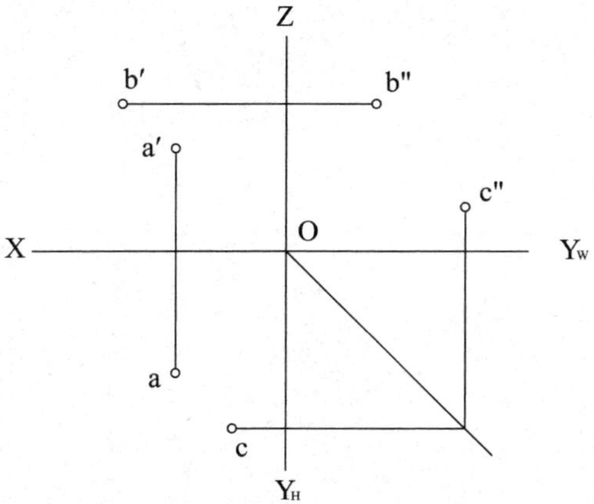

2. 已知表中各点的坐标，试求各点的三面投影。

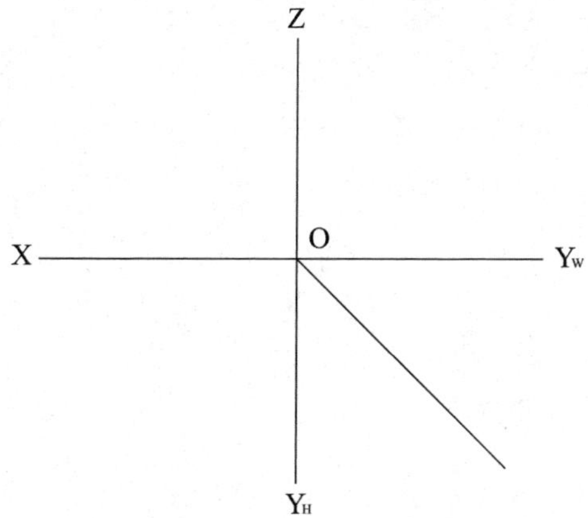

空间点＼坐标	X	Y	Z
A	15	18	22
B	20	12	15
C	10	20	0
D	0	0	18

3. 已知形体的直观图和投影图，在投影图上标出点A、B、C的投影。

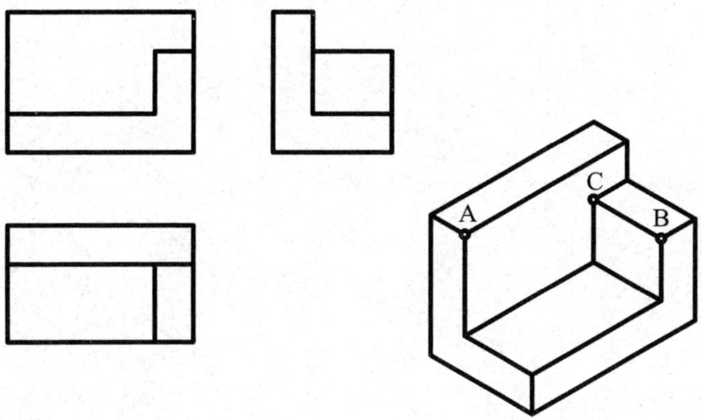

4. 已知各点的三面投影，在表中填写其到投影面的距离。

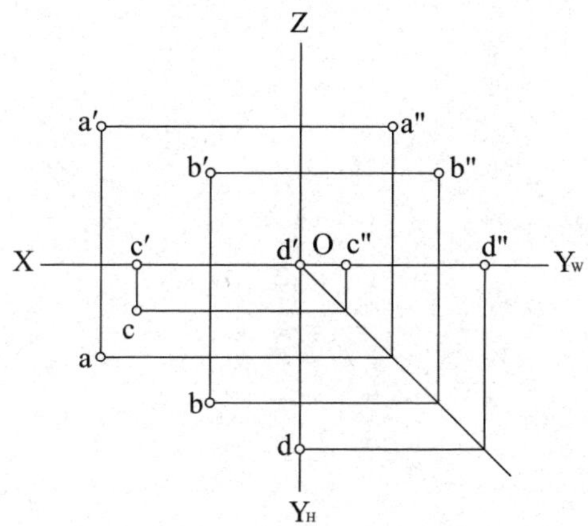

空间点＼距离	H	V	W
A			
B			
C			
D			

5. 已知各点的两面投影，试求其第三面投影，并判断其空间位置。

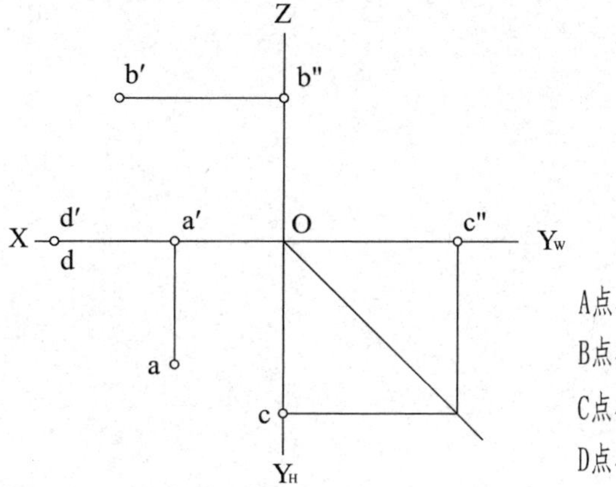

A点在 ________上

B点在 ________上

C点在 ________上

D点在 ________上

6. 已知点A（25，5，10），点B在点A的右、前、上方各10mm，点C在点B的右、后、下方各6mm，试求各点的三面投影。

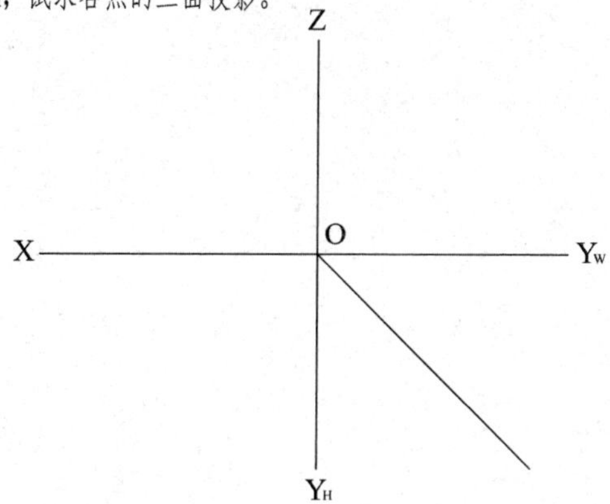

7. 已知点A（20，15，10），点B（10，7，20），点C（10，15，10），求各点的三面投影，并判断其相对位置。

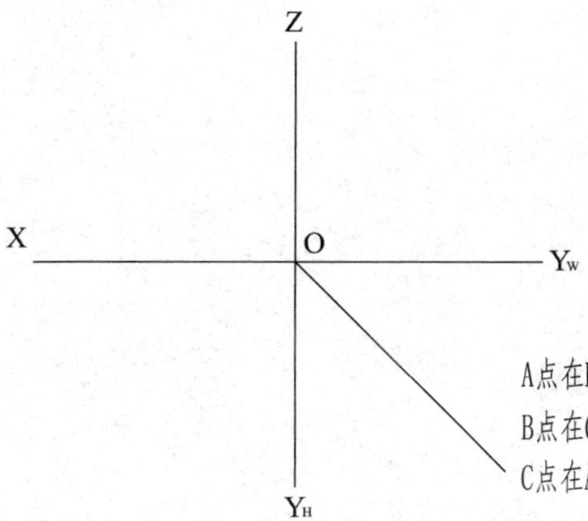

A点在B点的 ________方

B点在C点的 ________方

C点在A点的 ________方

8. 已知点E的两面投影，求点E的第三面投影。点F在点E的左方15mm、前方10mm、下方12mm，求点F的三面投影。

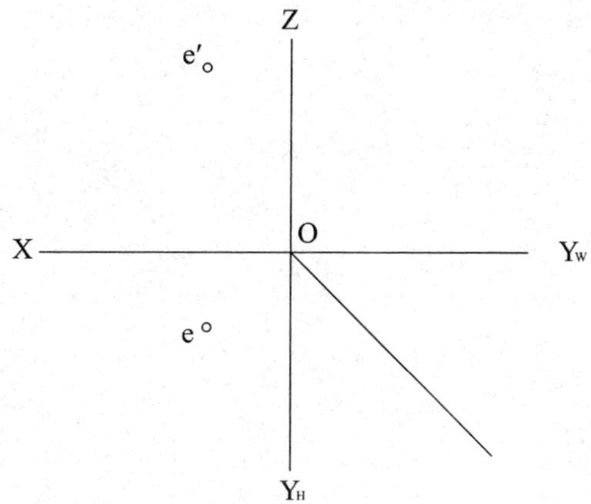

2-5 绘制直线的投影（单位：mm）

班级　　　　学号　　　　姓名

1. 已知点A（22，12，6）、点B（5，18，20），试求直线AB的三面投影。

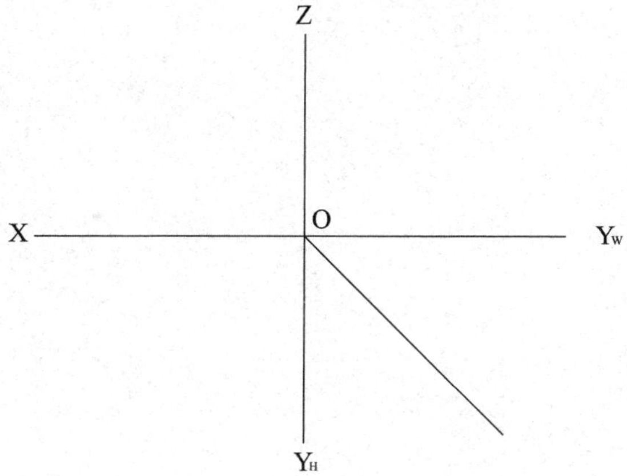

2. 测定直线的实长。

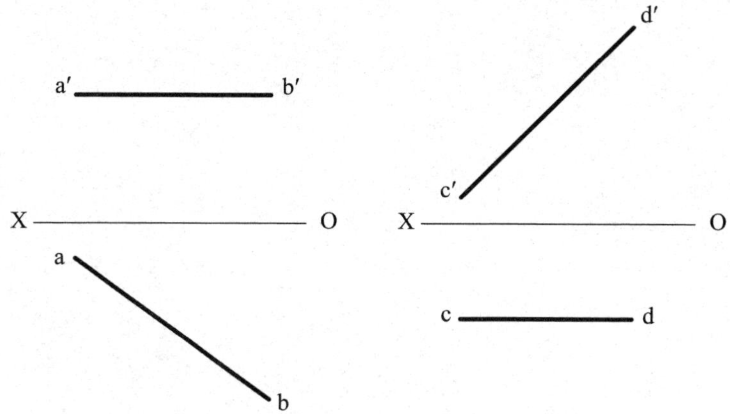

AB长 ________　　　　CD长 ________

3. 已知正平线AB距V面16mm，试求其水平投影和侧面投影。

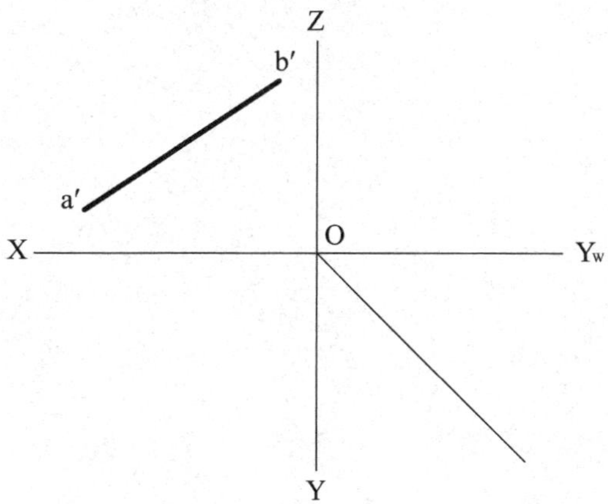

4. 在投影图中标出立体图上各直线的三面投影，并写出其空间位置。

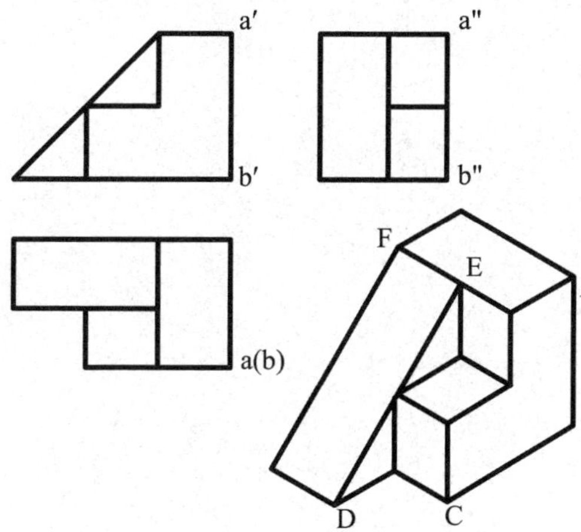

直线	空间位置
AB	铅垂线
BC	
DE	
EF	

5. 已知各直线的两面投影，试求其第三面投影，并判断其对投影面的相对位置。

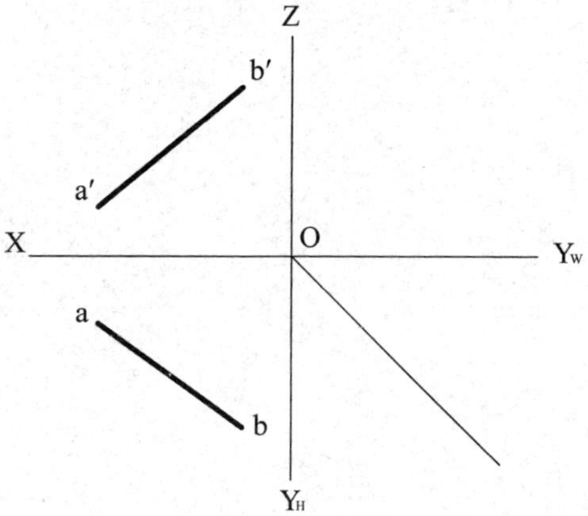

AB是 ____________ 线

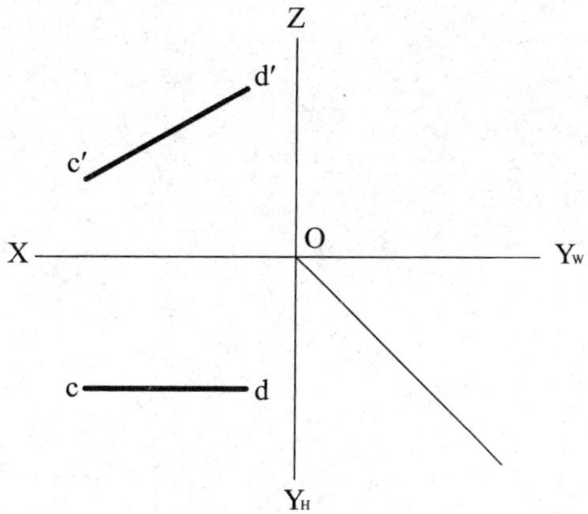

CD是 ____________ 线

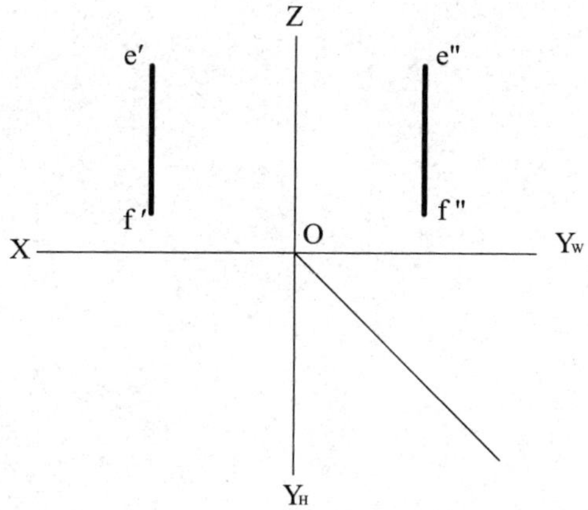

EF是 ____________ 线

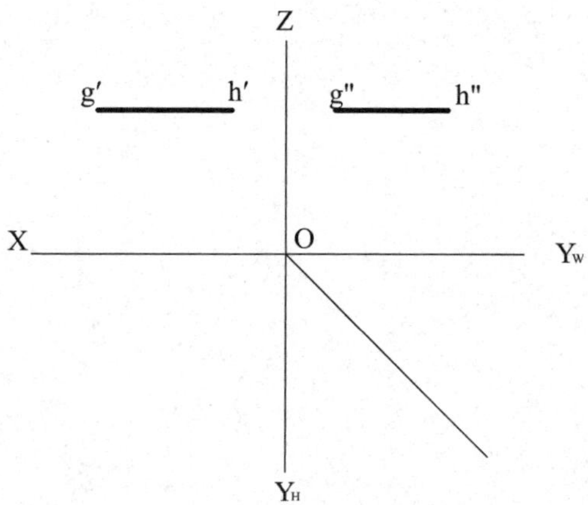

GH是 ____________ 线

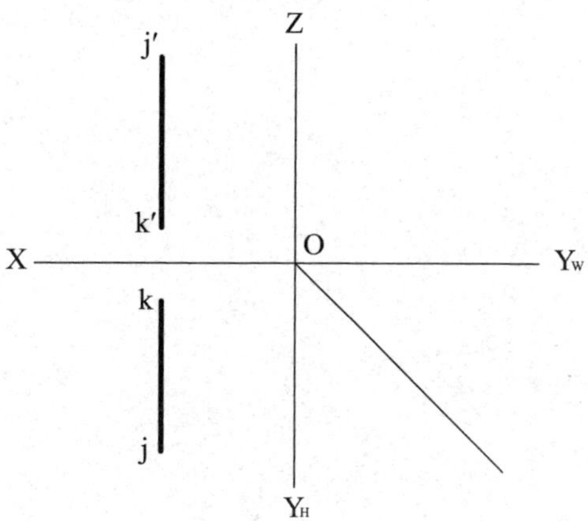

JK是 ____________ 线

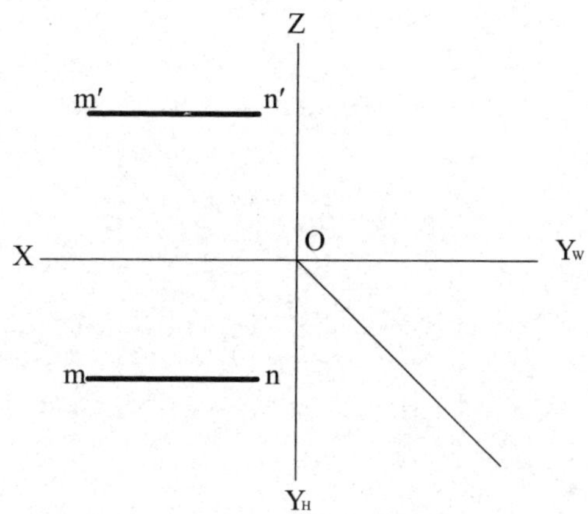

MN是 ____________ 线

6. 判别直线AB与CD的相对位置（平行、相交、交叉）。

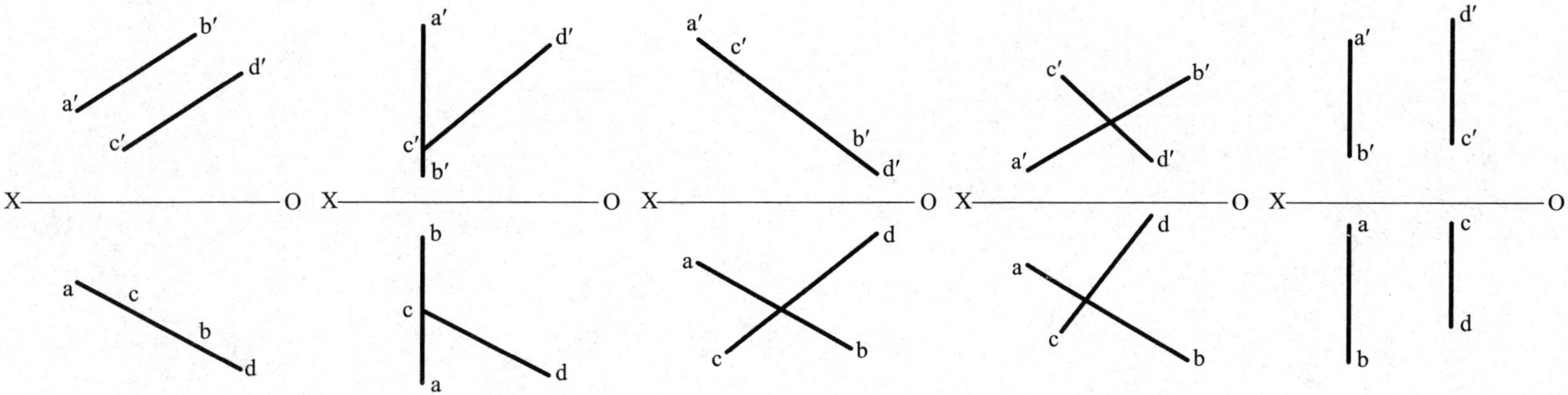

__________　__________　__________　__________　__________

7. 判别下列各点是否在直线上。

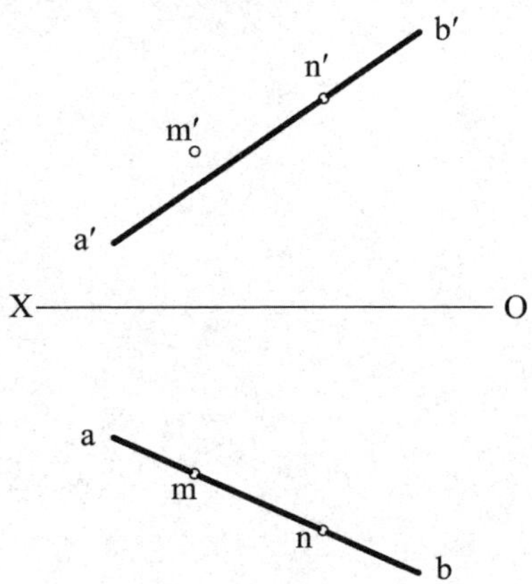

点M______直线AB上

点N______直线AB上

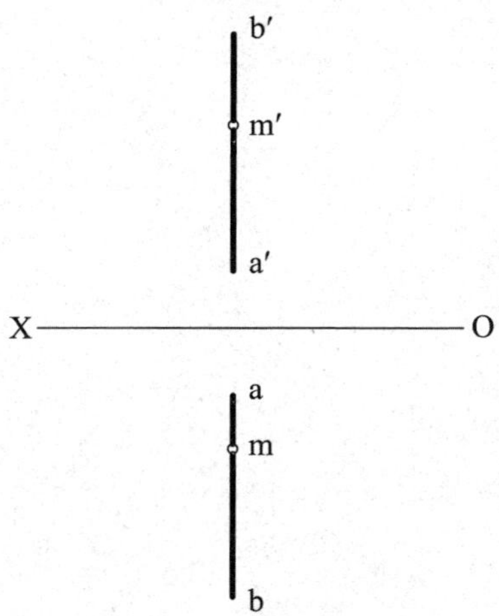

点M______直线AB上

8. 在直线AB上求一点C，使AC∶CB=3∶2。

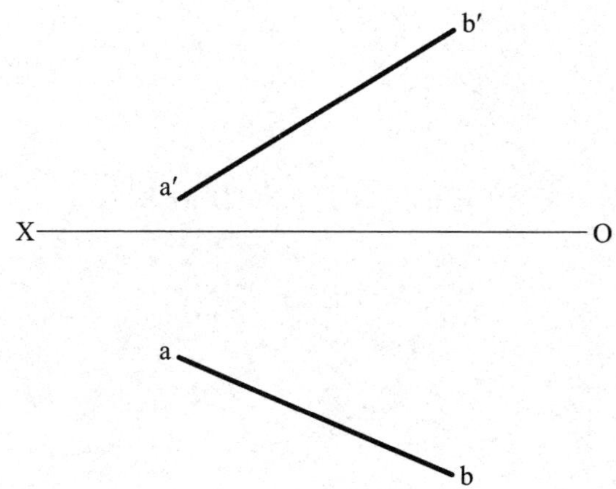

2-6 绘制平面的投影　　　　班级　　　　学号　　　　姓名

1. 已知各平面的两面投影，试求其第三面投影，并判断其对投影面的相对位置。

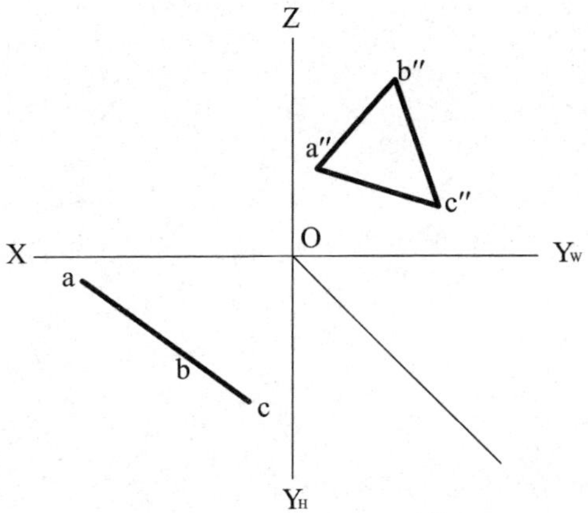

________面

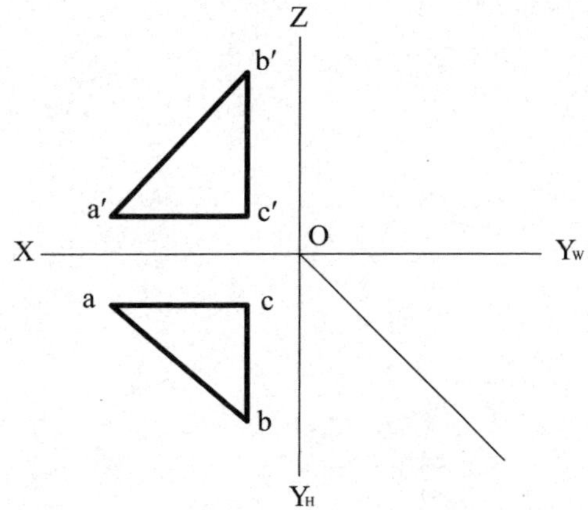

________面

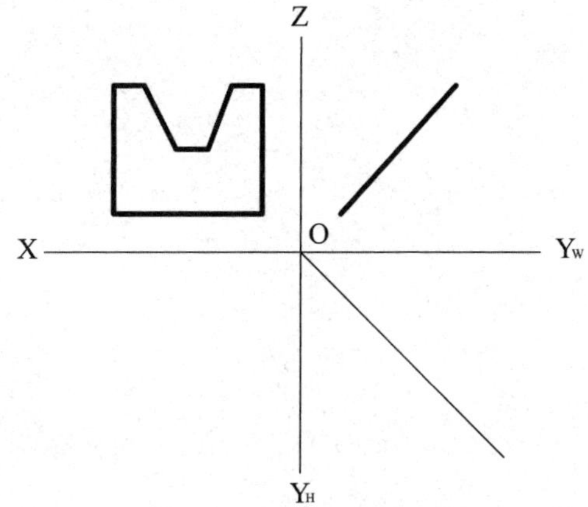

________面

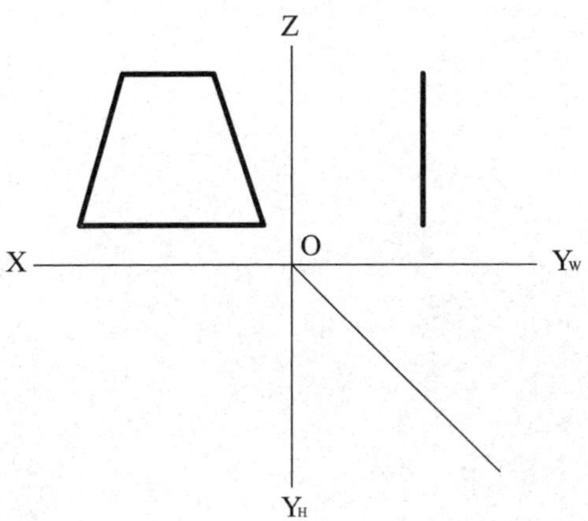

________面

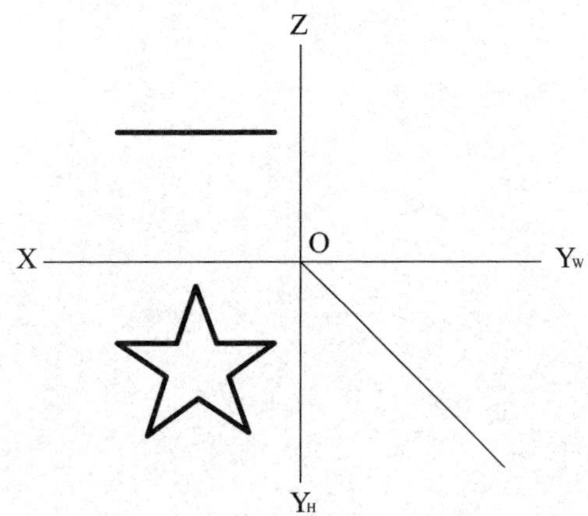

________面

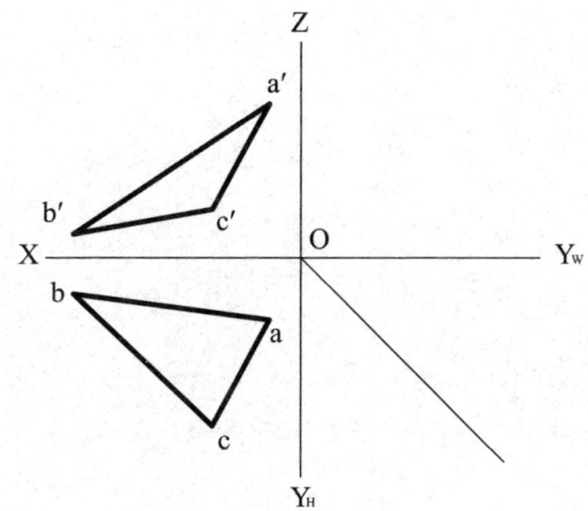

________面

2. 直线MN在三角形ABC所决定的平面上，求其俯视图。

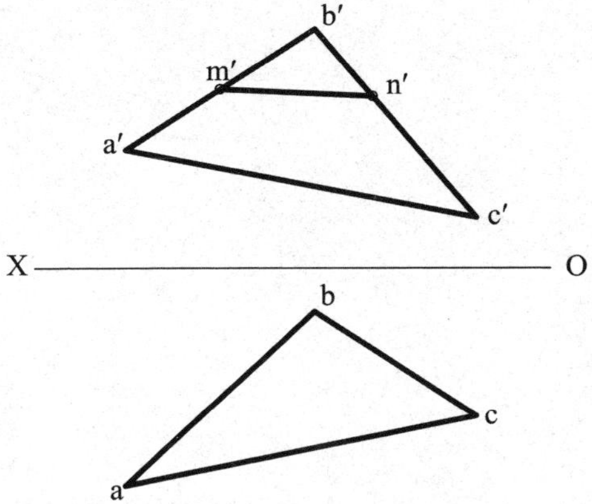

3. 已知点K在三角形ABC平面上，完成其三面投影。

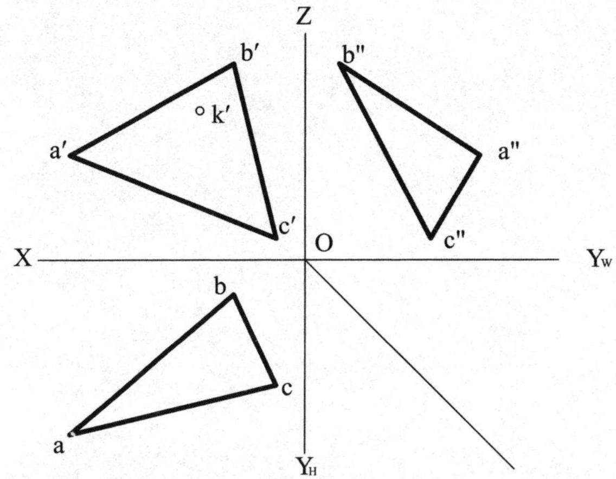

4. 标出立体图上各平面的三面投影，并判断其空间位置。

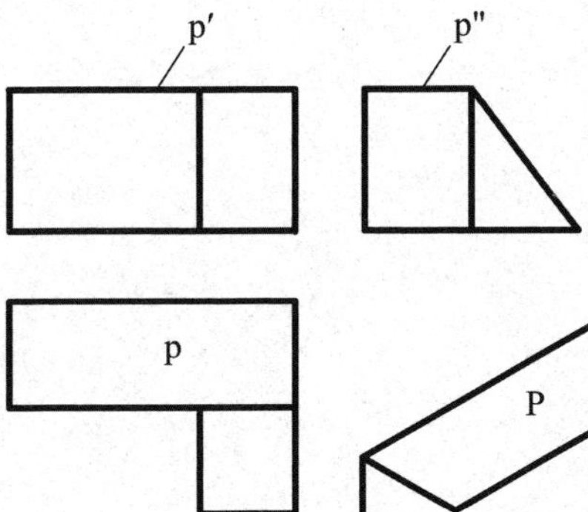

平 面	空间位置
P	水平面
Q	
R	
S	

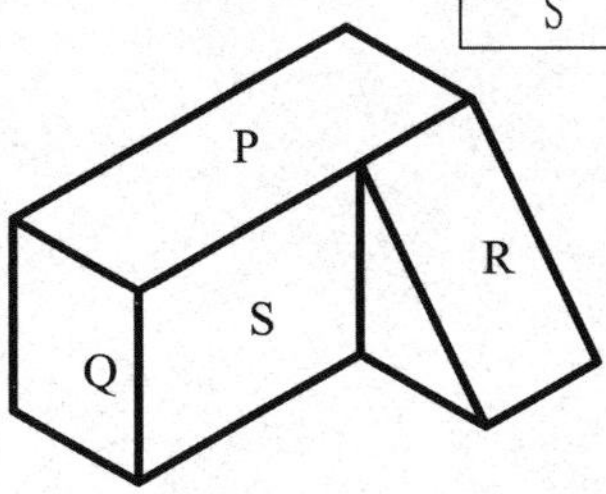

5. 标出立体图上各平面的三面投影，判断其空间位置和投影特征。

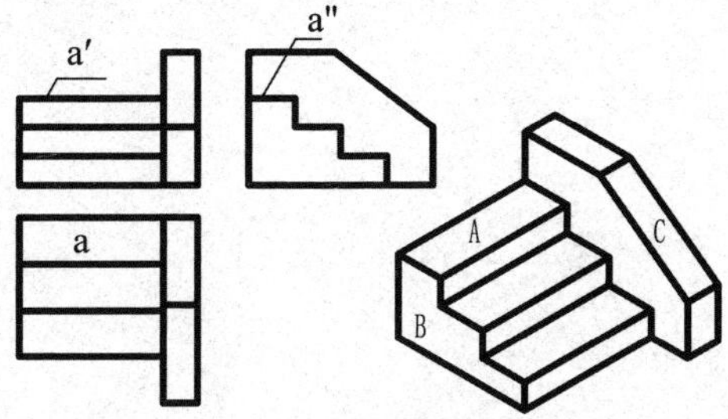

平面	空间位置	投影特征		
		主视图	左视图	俯视图
A	水平面	积聚成平行于X轴的直线	积聚成平行于Y轴的直线	反应真实性
B				
C				

2-6 绘制平面的投影

班级　　　　学号　　　　姓名

6. 在三角形ABC上作一条距离H面18mm的水平线EF和一条距离V面19mm的正平线MN。

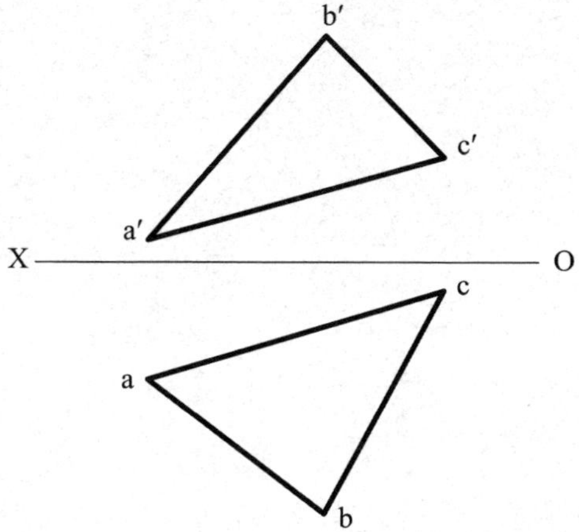

7. 已知直线AB在三角形EFG上，试求AB的水平投影。

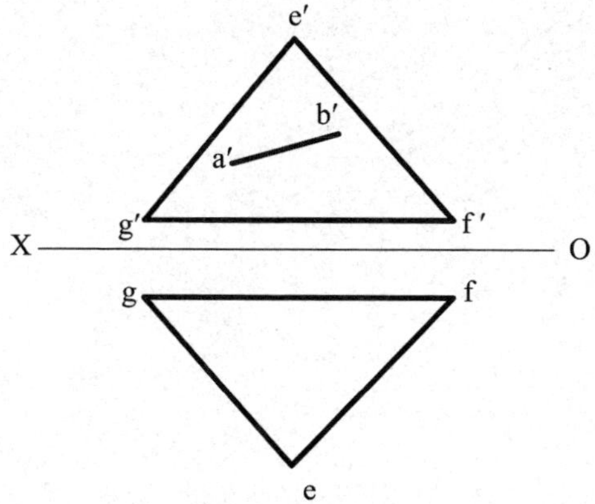

8. 已知三角形ABC在矩形DEFG上，试求ABC的水平投影。

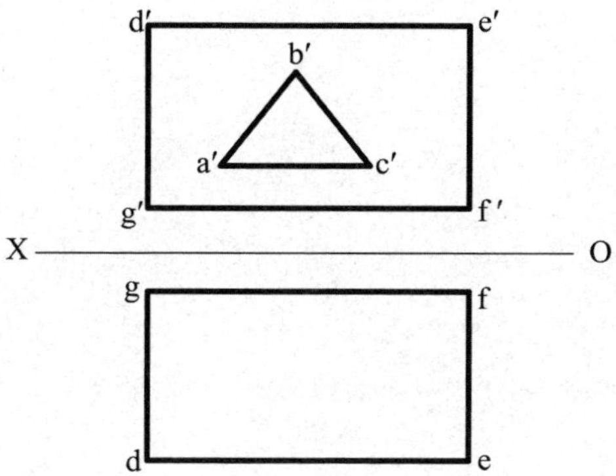

9. 根据已知投影，完成四边形ABCD的正面投影。

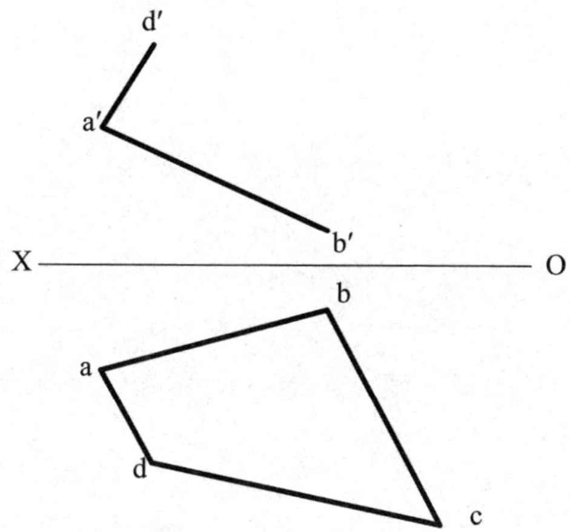

2-7　补绘平面体的三视图　　　　班级　　　　学号　　　　姓名

1. 两底面距离为28mm的五棱柱。

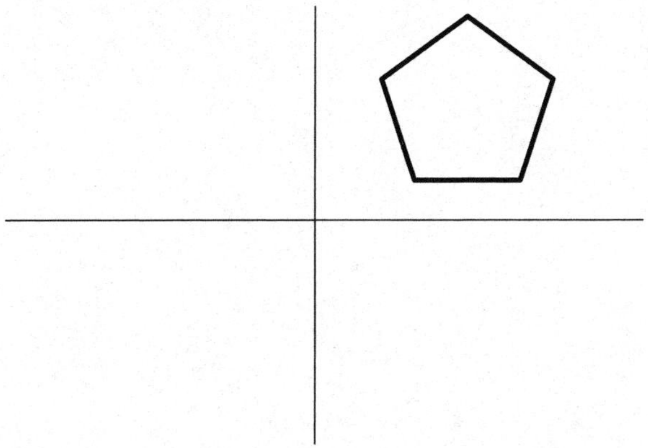

2. 两底面距离为20mm的直棱柱。

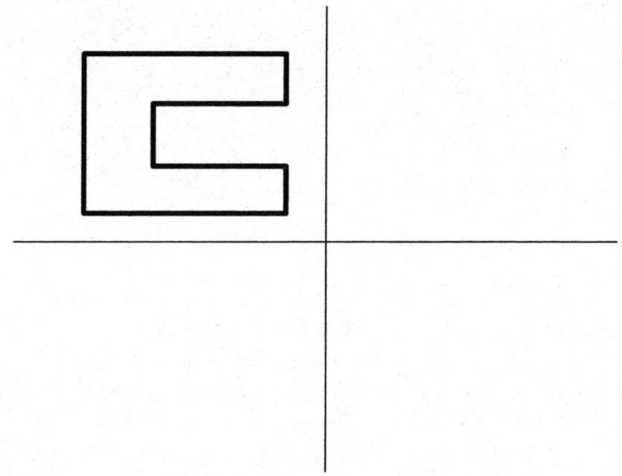

3. 高度均为20mm的四棱台和三棱柱。

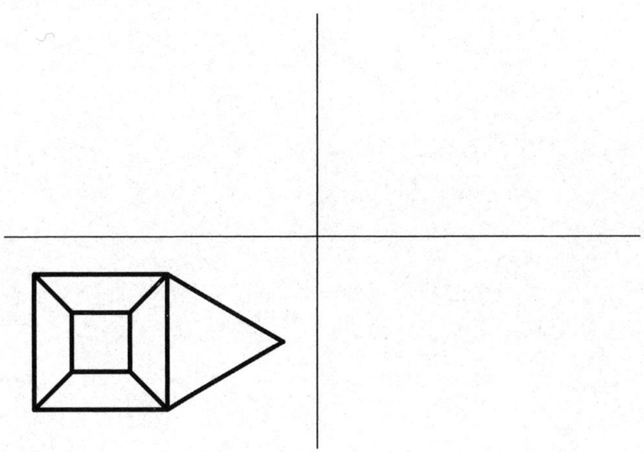

4. 高度为20mm的四棱锥和底面三角形高15mm的三棱柱。

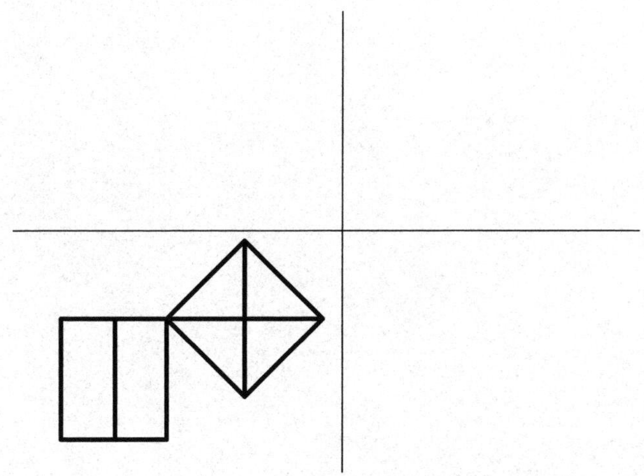

2-8 补绘平面体的第三面投影 班级 学号 姓名

1.

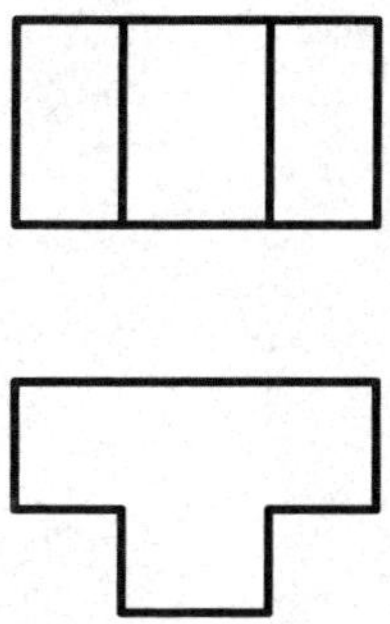

2.

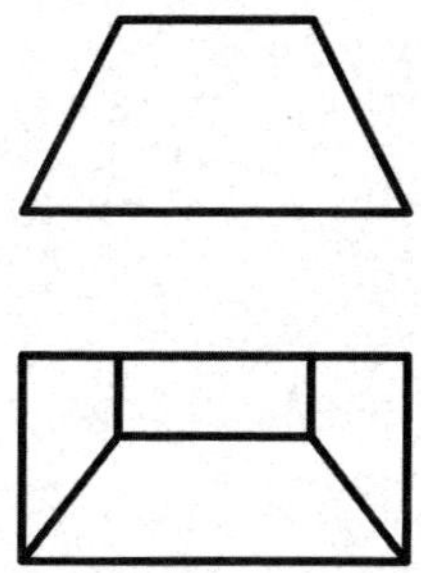

3.

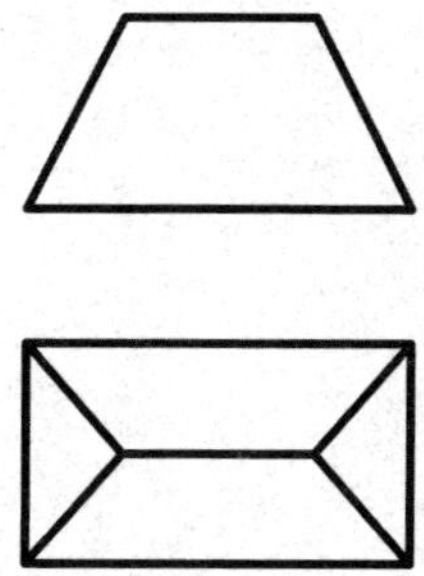

4.

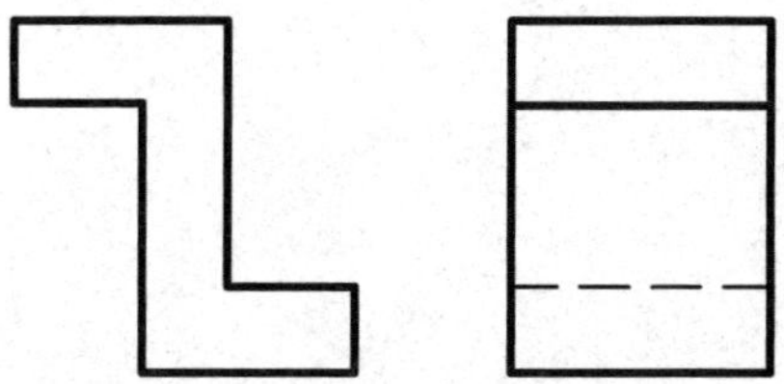

5.

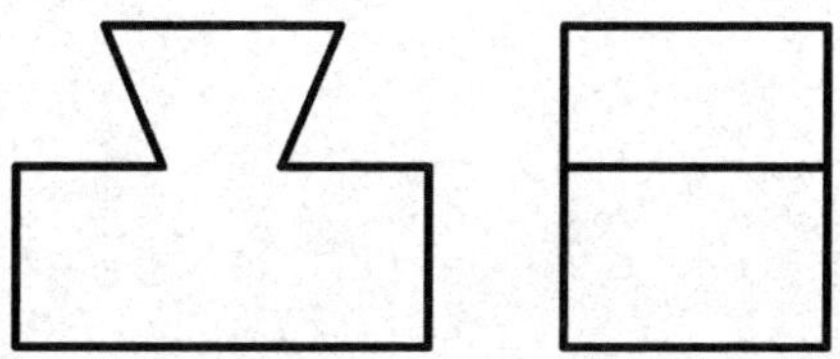

6.

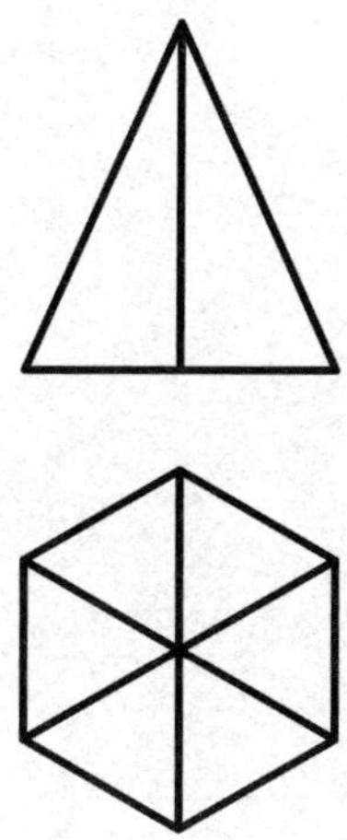

2-9 补绘曲面体的三视图

班级　　学号　　姓名

1. 高度为20mm的圆锥。

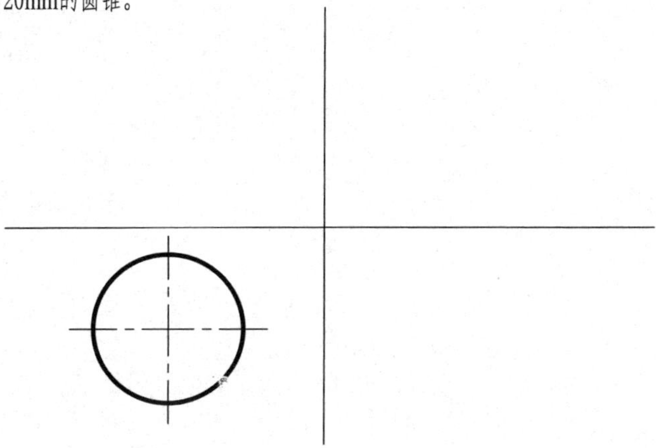

2. 两底面距离为20mm的圆筒。

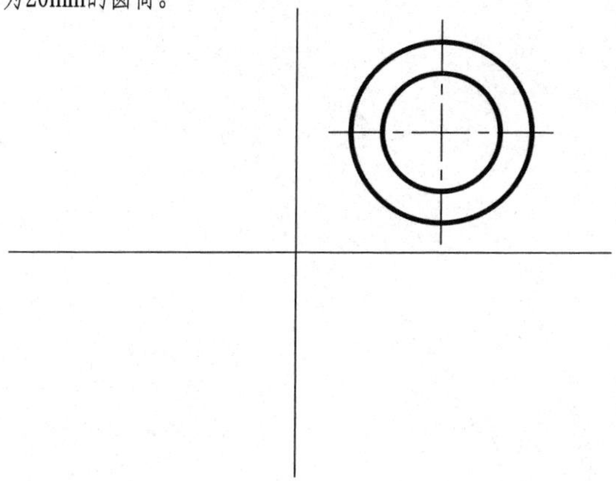

3. 两底面距离为20mm的圆台。

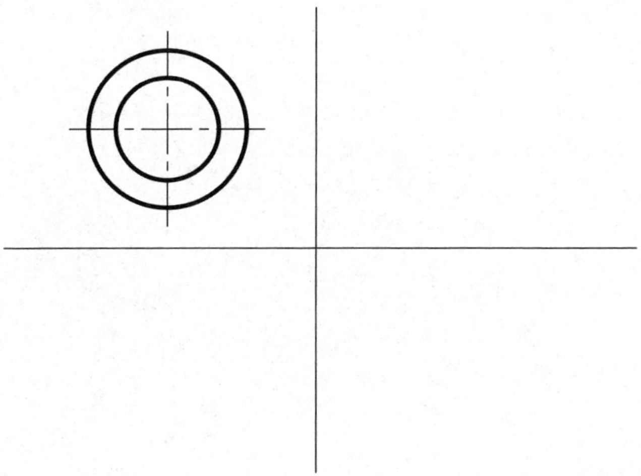

4. 半球体与圆柱叠加。

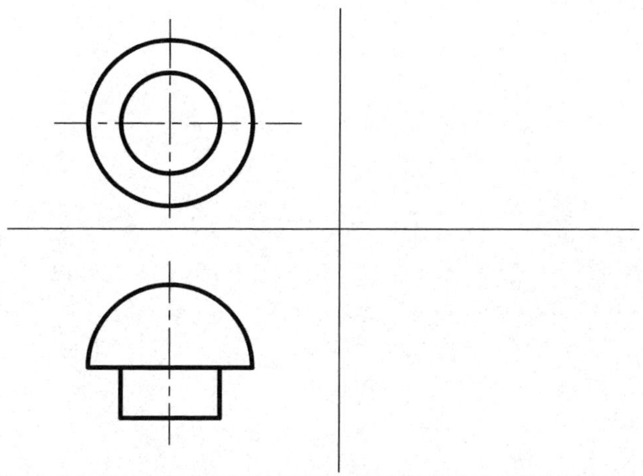

2-10 补绘曲面体的第三面投影

班级 学号 姓名

1.

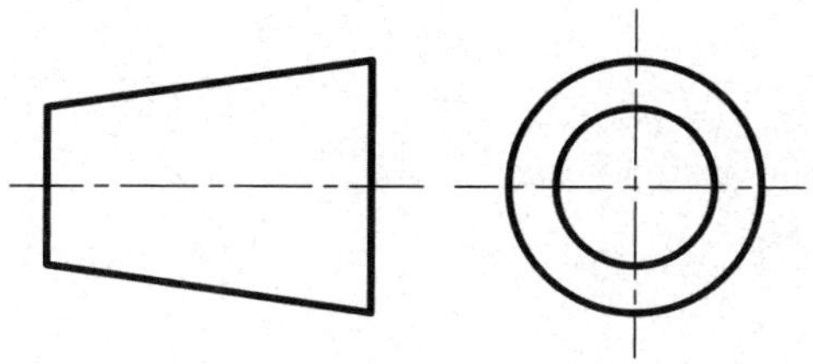

2.

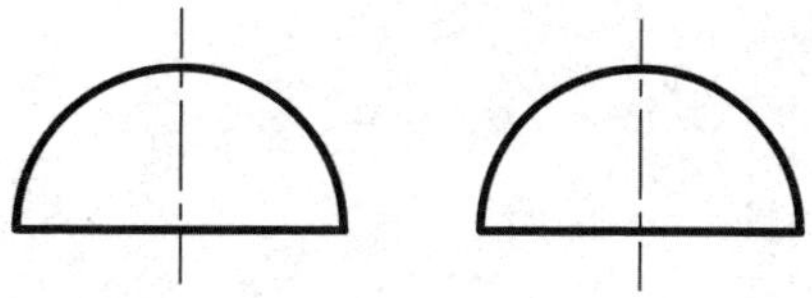

3.

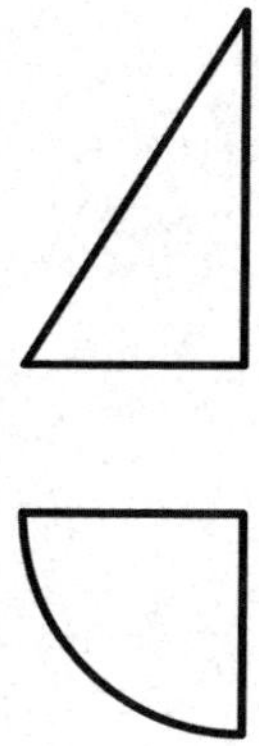

4.

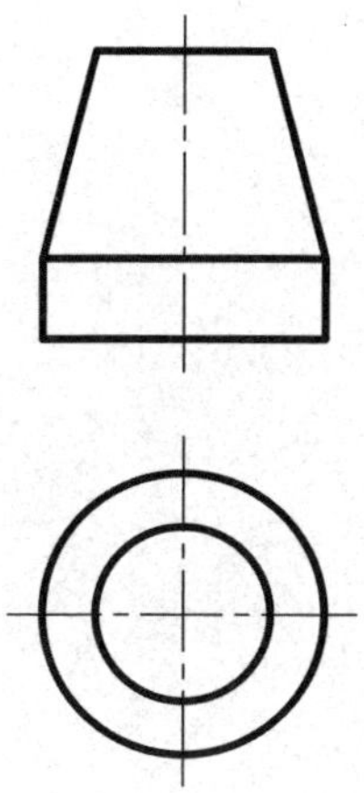

5.

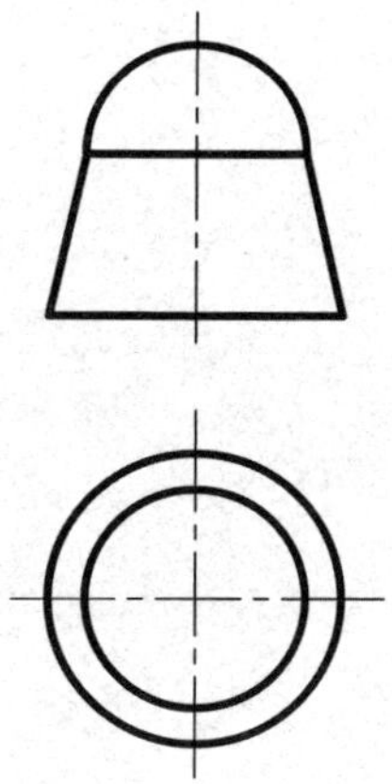

6.

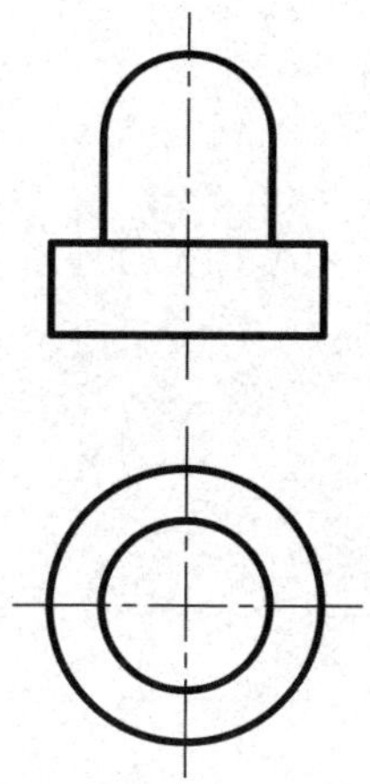

2-11 补绘平面体的第三面投影，并补绘立体表面上点的投影

班级　　　　学号　　　　姓名

1.

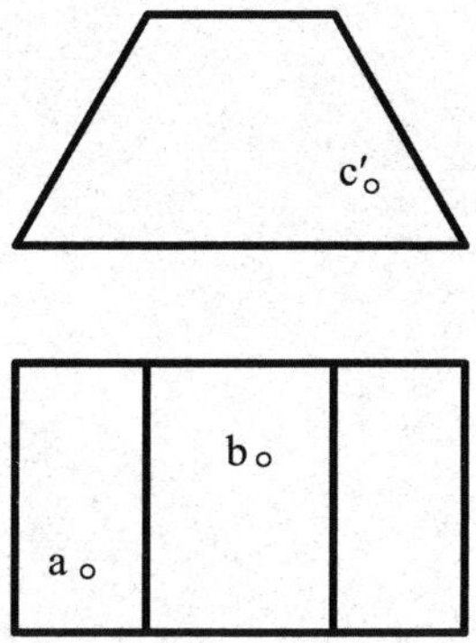

2.

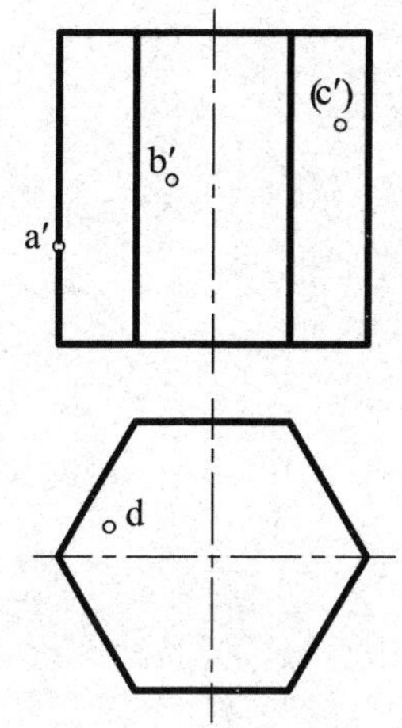

3.

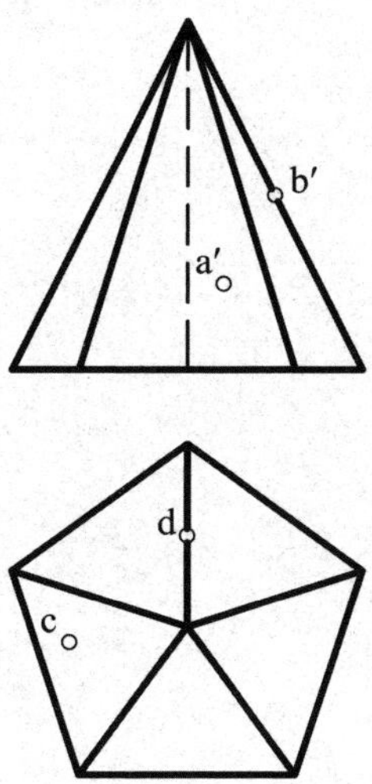

4.

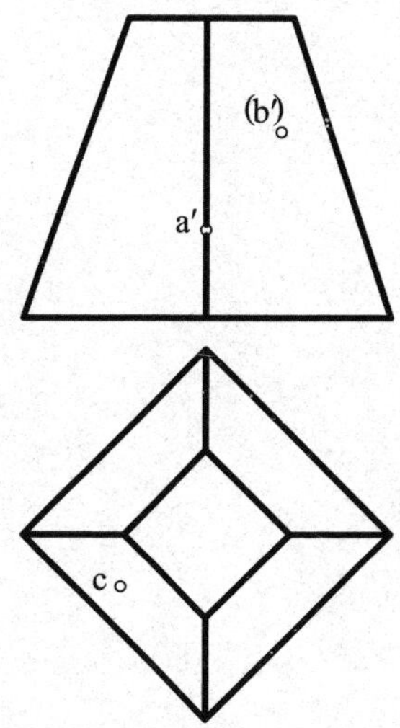

2-12　补绘曲面体的第三面投影，并补绘立体表面上点的投影　　班级　　学号　　姓名

1.

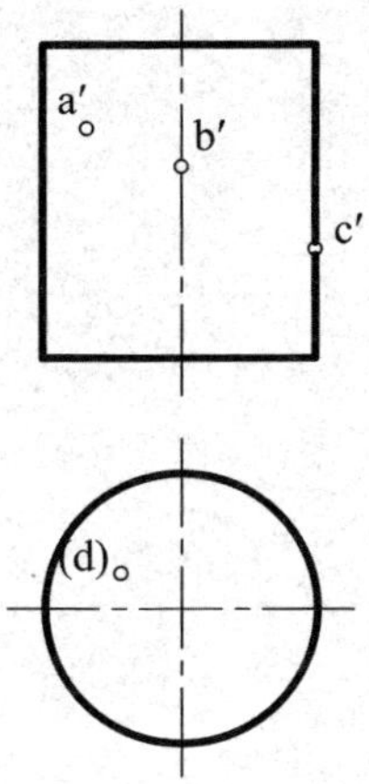

2.

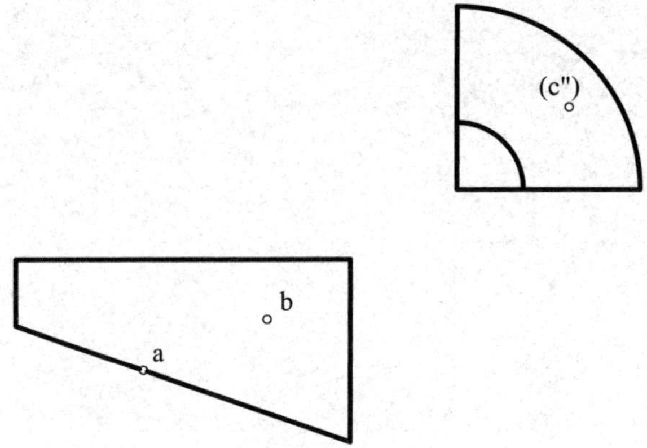

3.

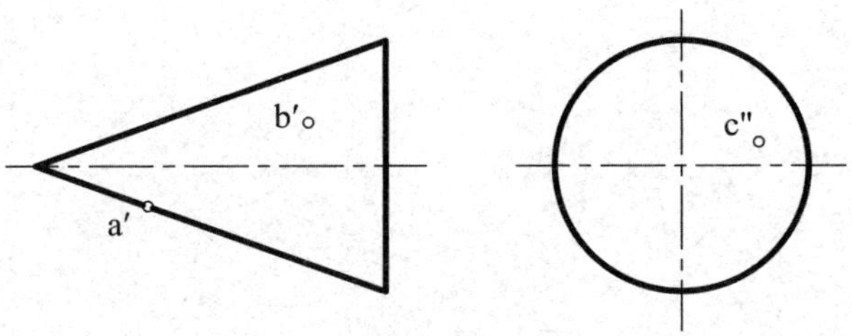

4.

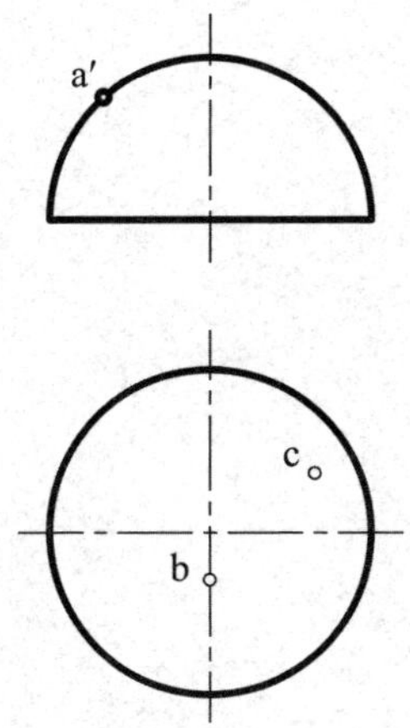

2-13 绘制立体的表面交线1

班级　　学号　　姓名

1.

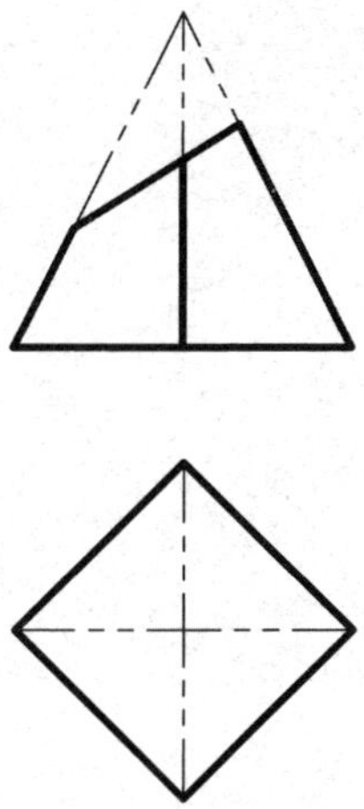

2.

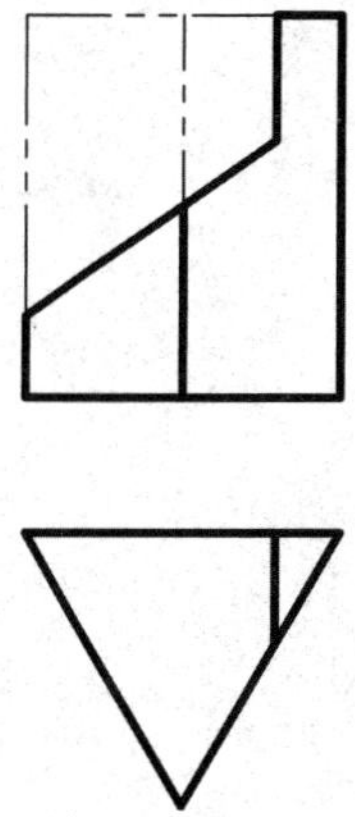

3.

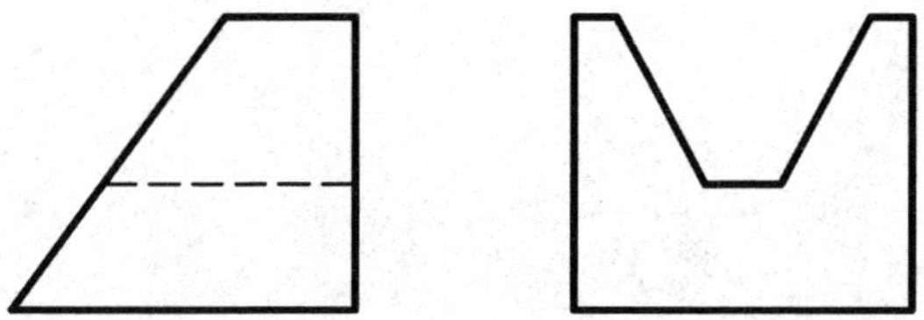

4.

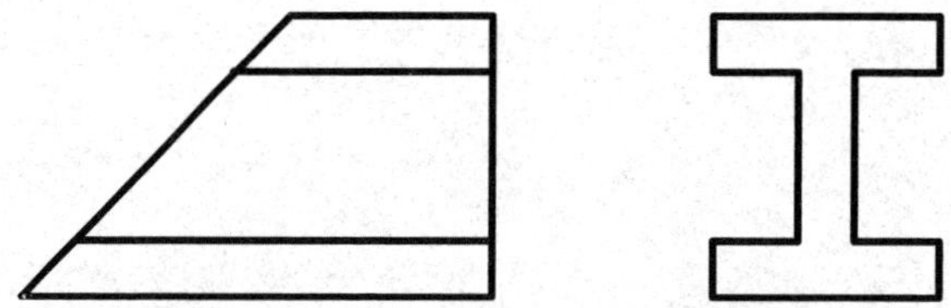

2-13 绘制立体的表面交线1

班级　　　　学号　　　　姓名

5.

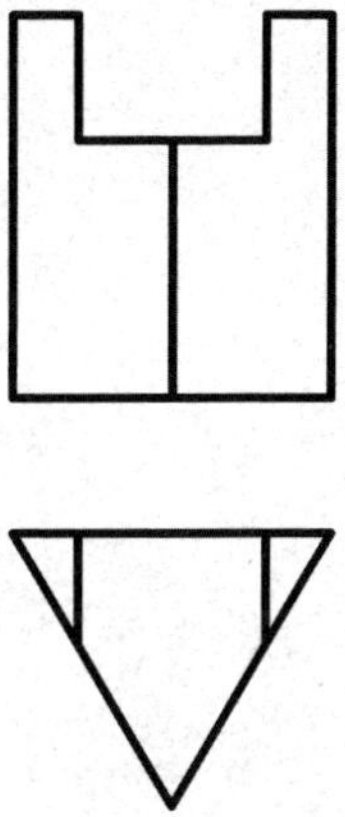

6.

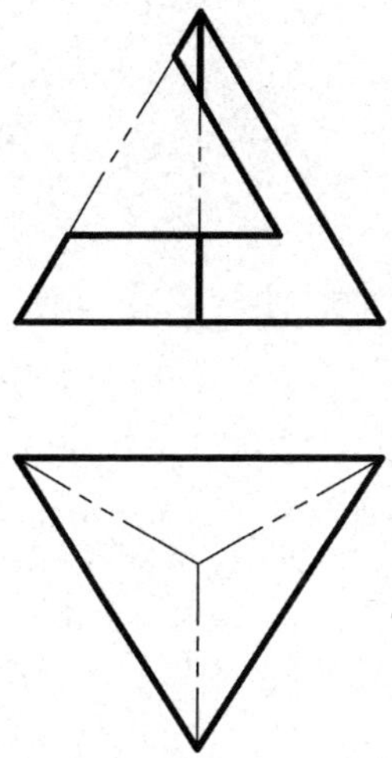

7.

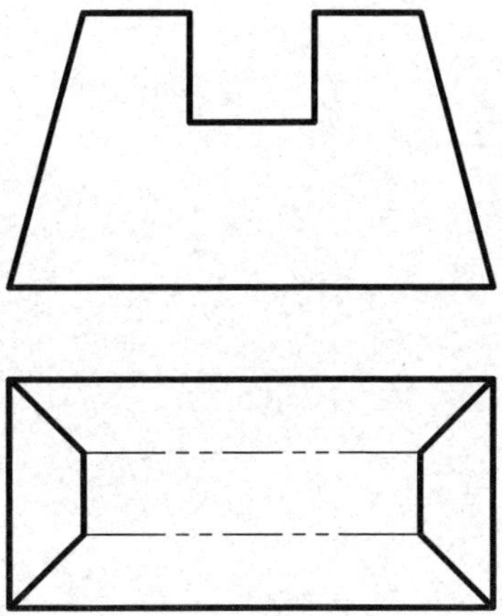

8.

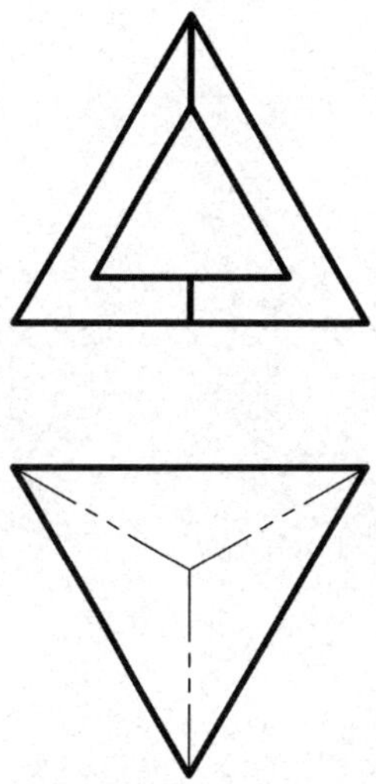

2-14 绘制立体的表面交线2

班级　　学号　　姓名

1.

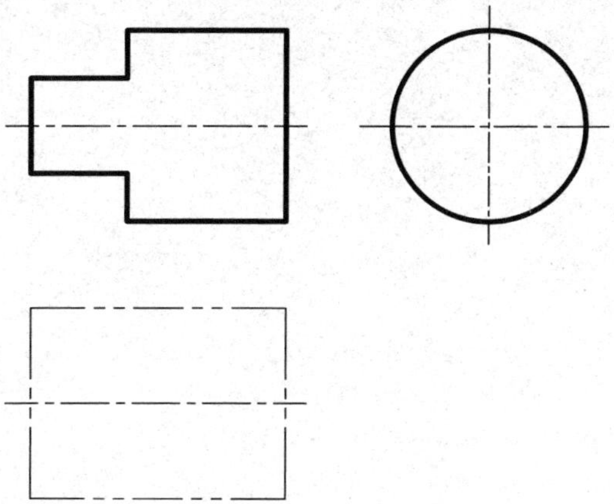

2.

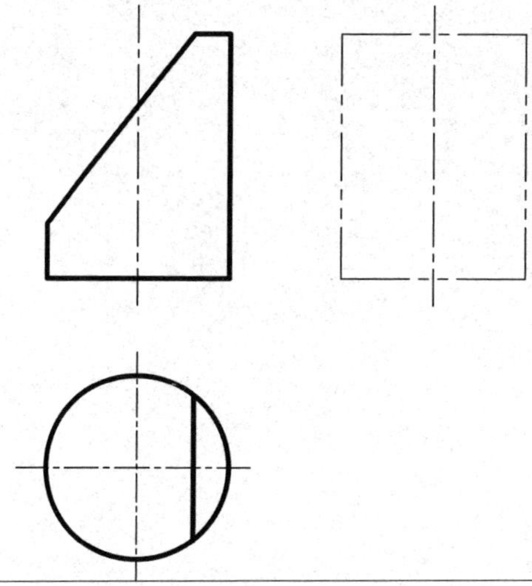

3.

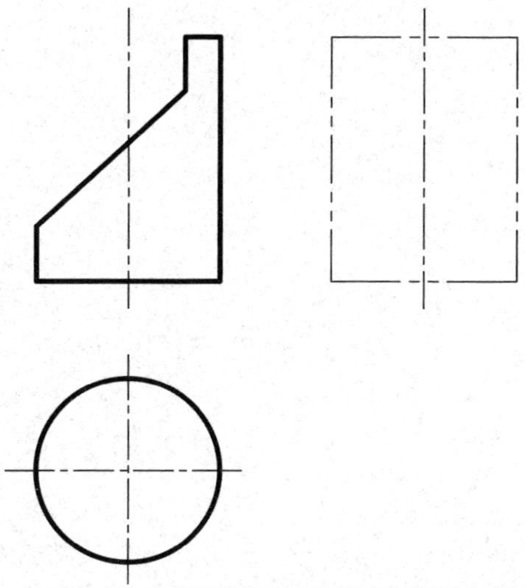

4.

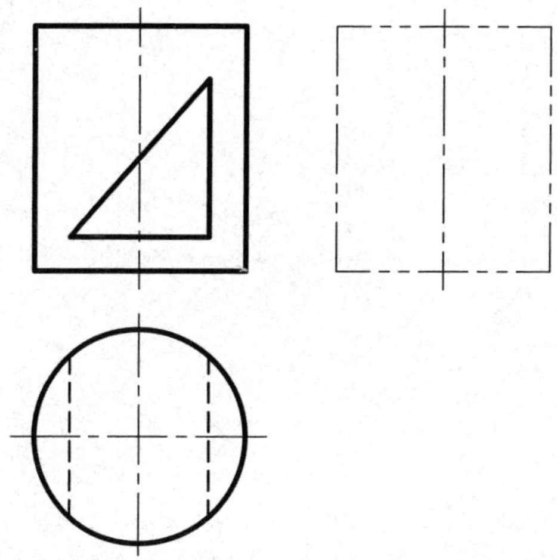

2-14 绘制立体的表面交线2

班级　　学号　　姓名

5.

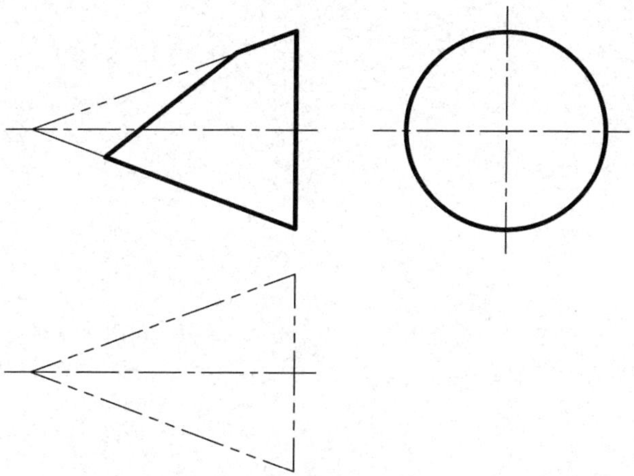

6.

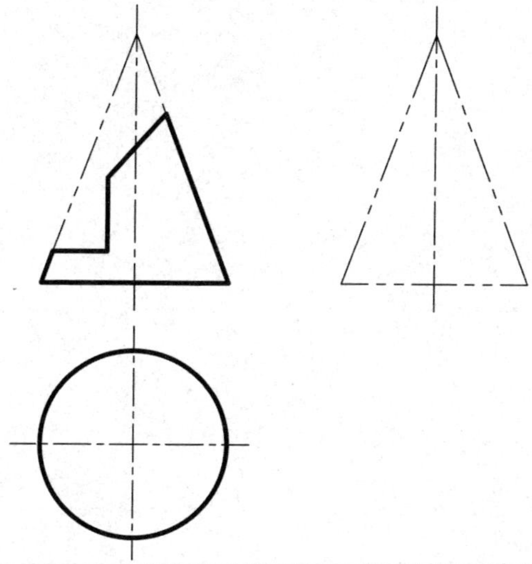

7.

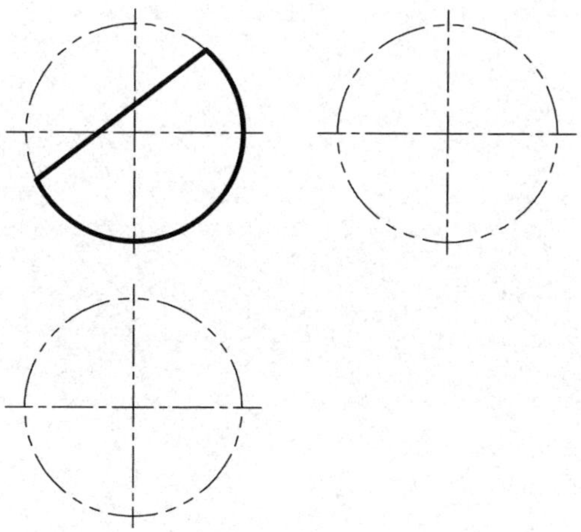

8.

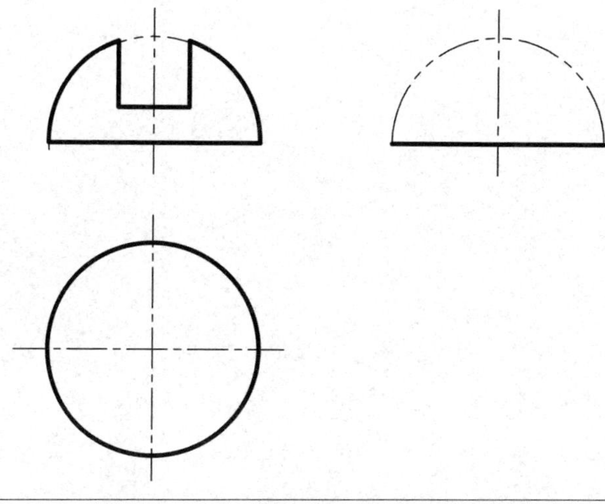

2-15 绘制立体的表面交线3

班级　　　　学号　　　　姓名

1.

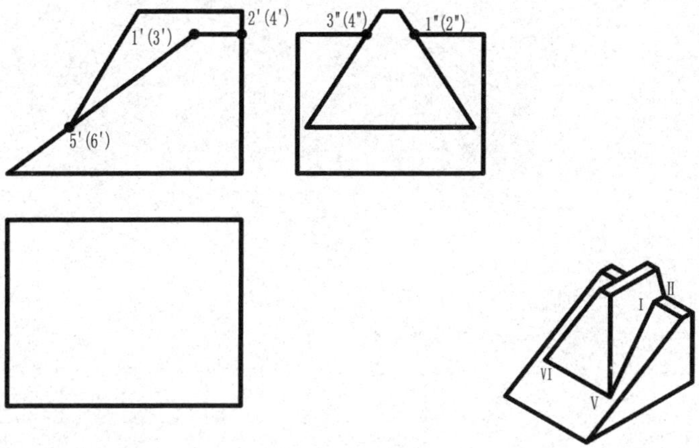

2.

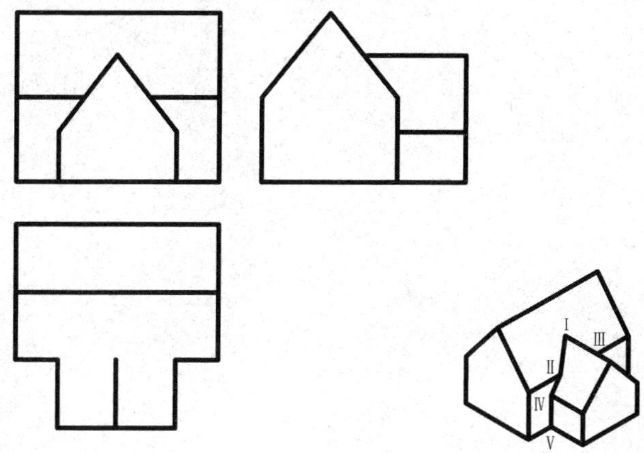

3.

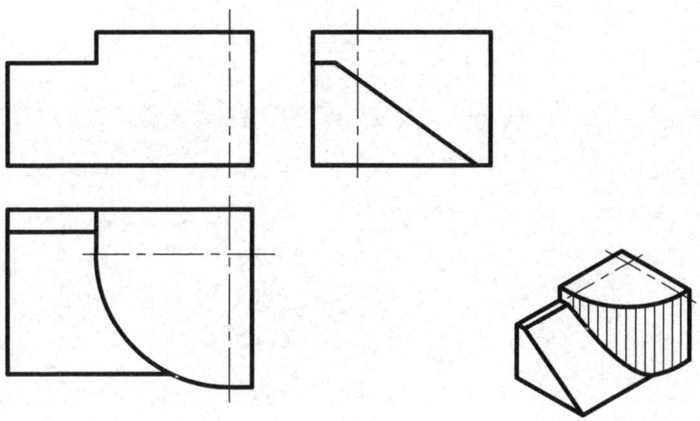

4.

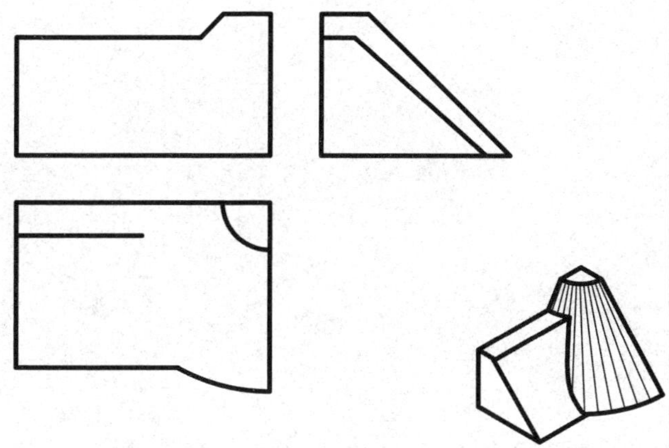

5.

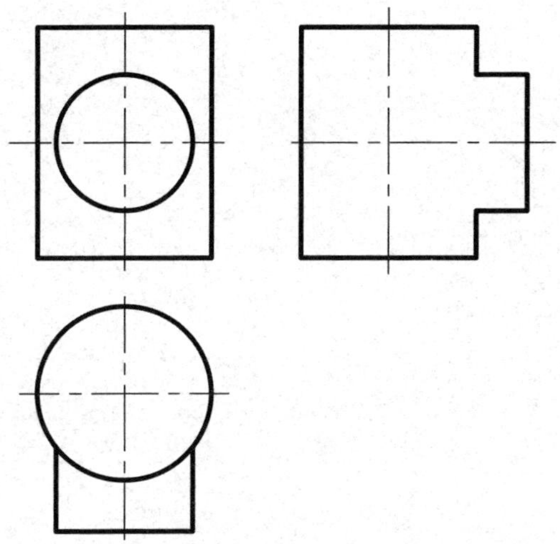

6.

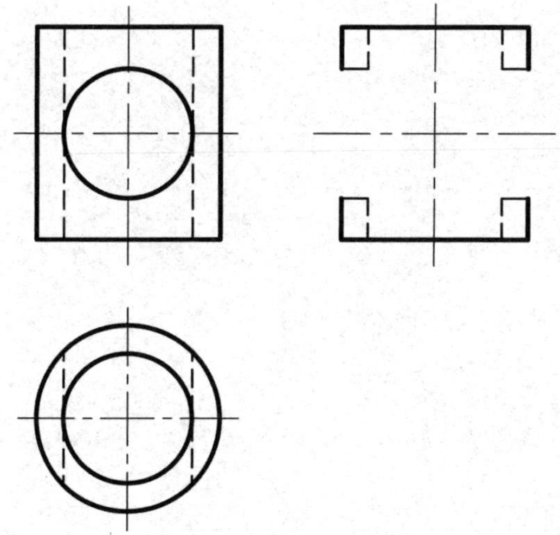

7.

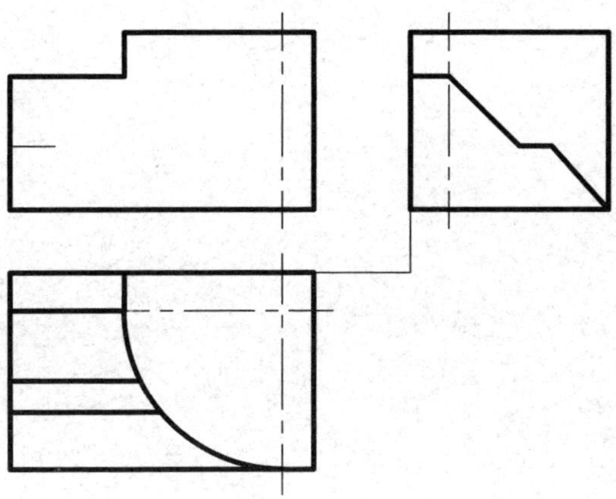

8.

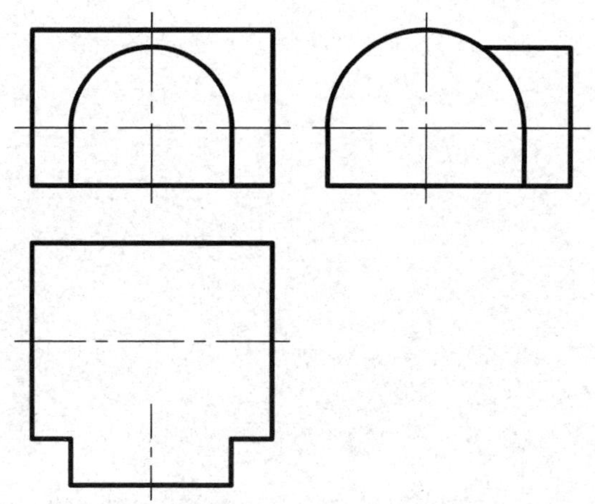

2-15 绘制立体的表面交线3

班级　　　　学号　　　　姓名

9.

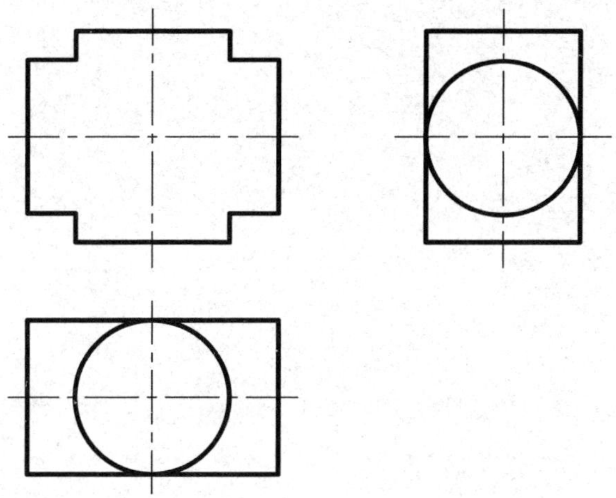

10.

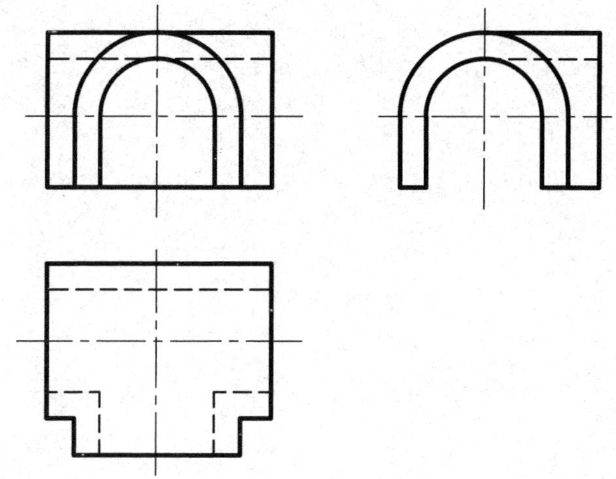

11.

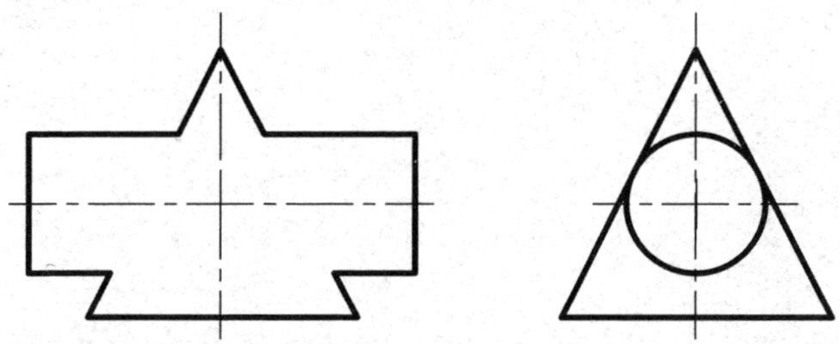

12.

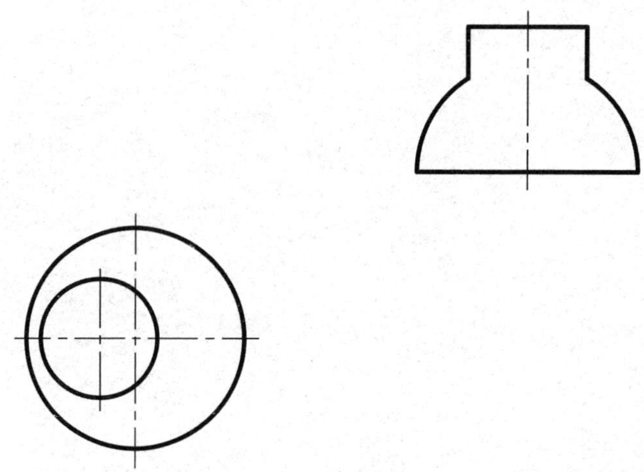

任务3　绘制组合体的三视图

3-1　根据组合体的轴测图绘制三视图（尺寸从图中直接量取）　　班级　　学号　　姓名

1.

2.

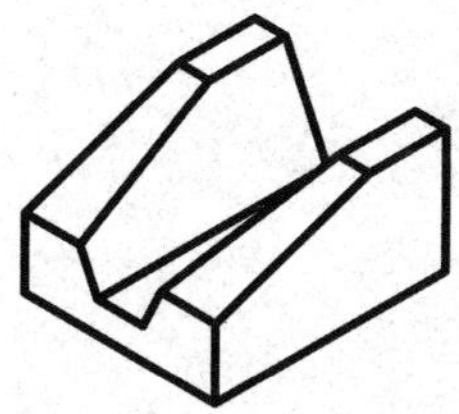

3.

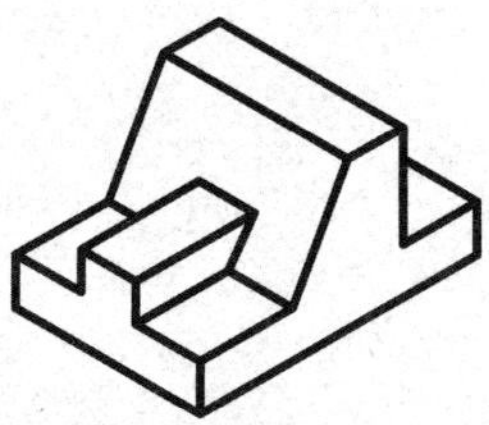

4.

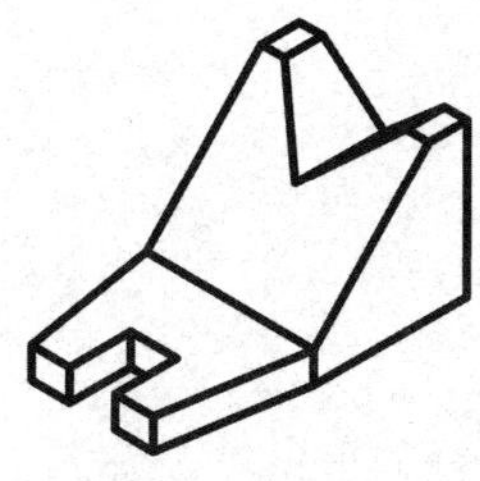

5.

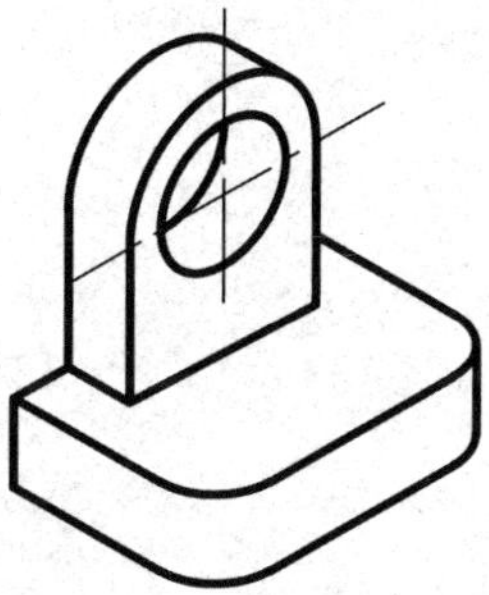

6.

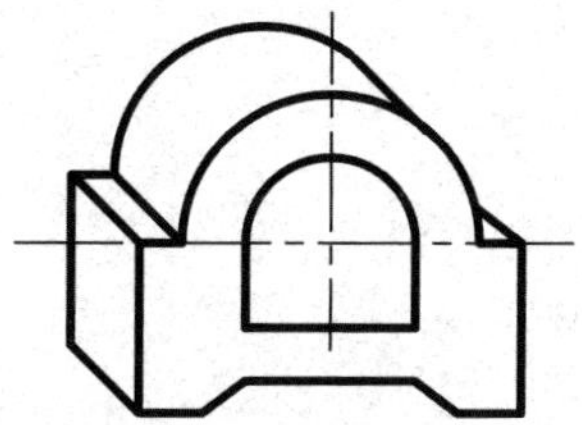

7.

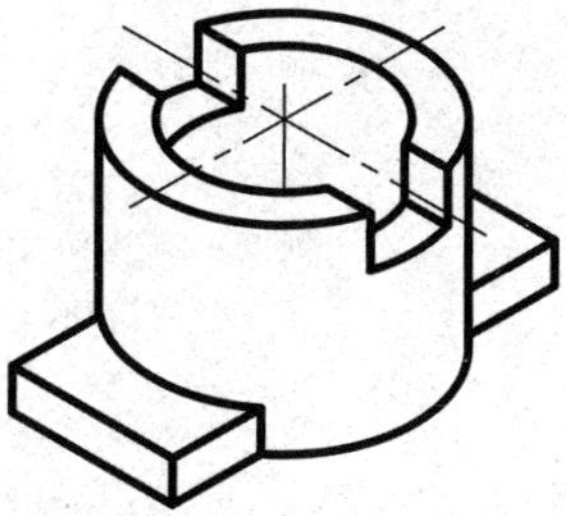

8.

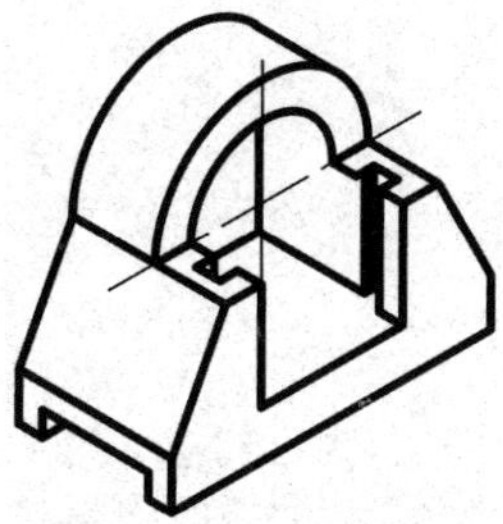

3-2 标注组合体尺寸

班级　　　　学号　　　　姓名

1.比例1∶20，单位mm。

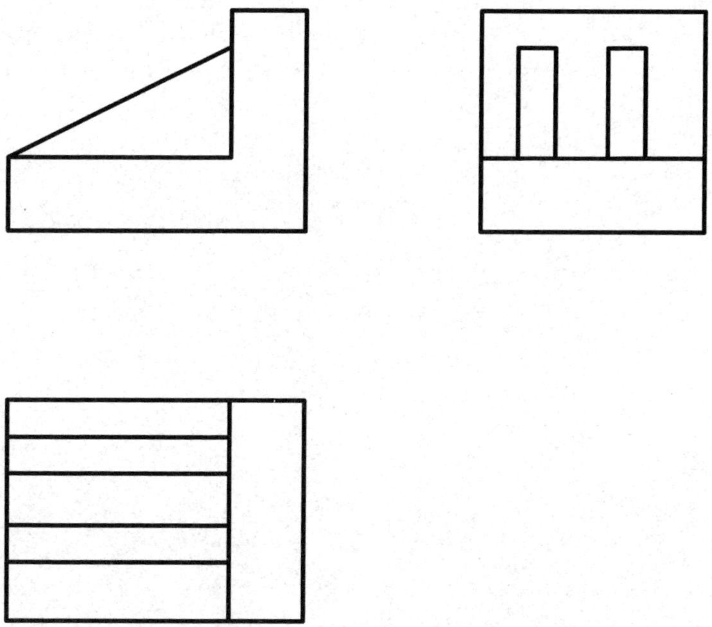

2.比例1∶20，单位mm。

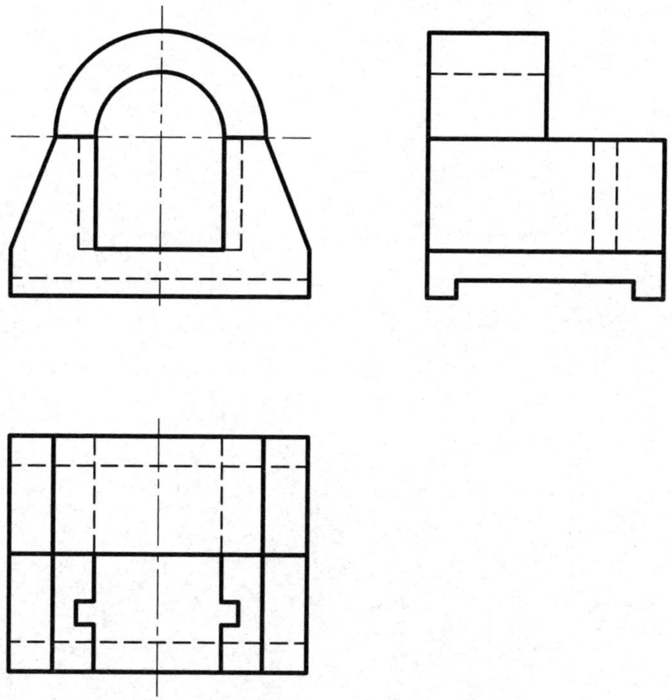

3-3 补绘三视图　　　　班级　　　　学号　　　　姓名

1.

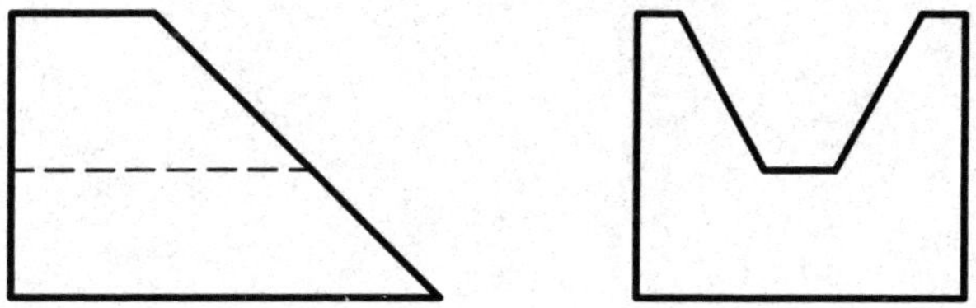

2.

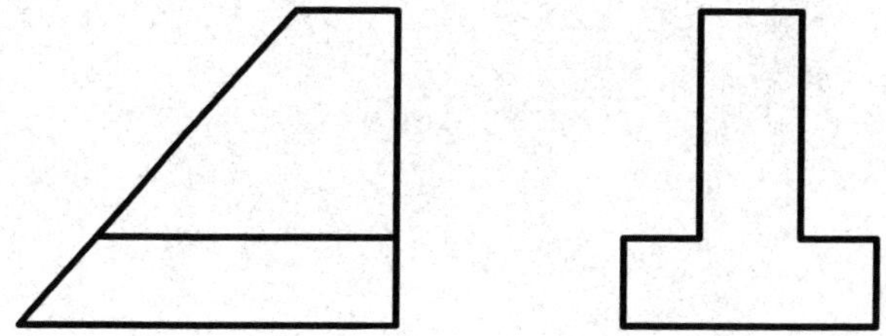

3.

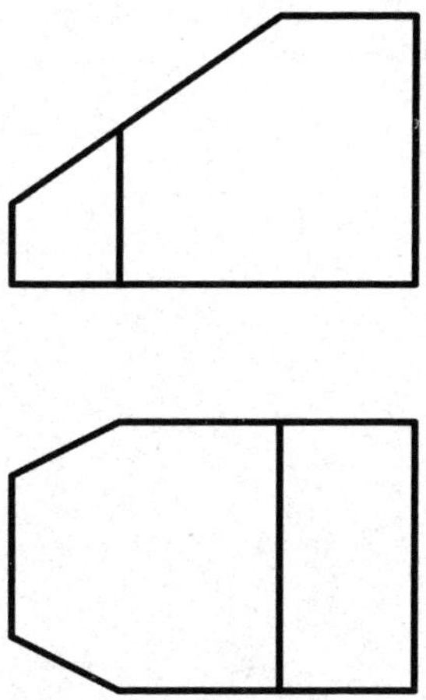

4.

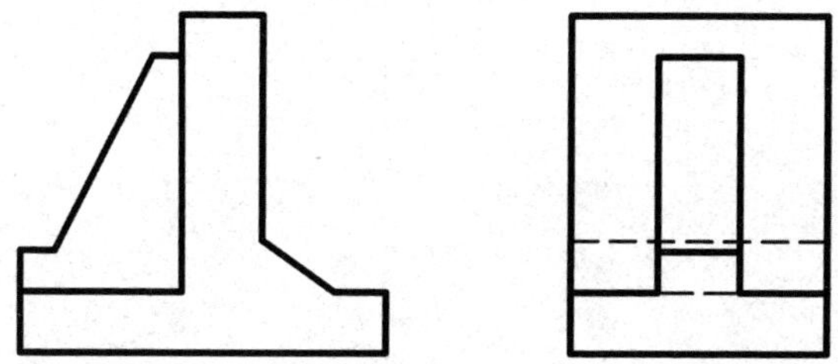

5.

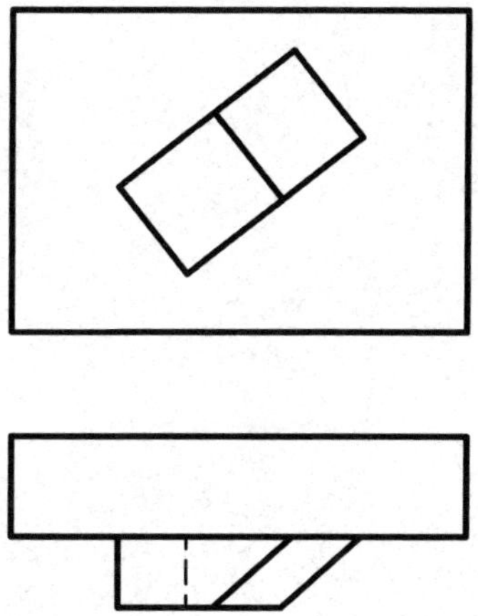

6.

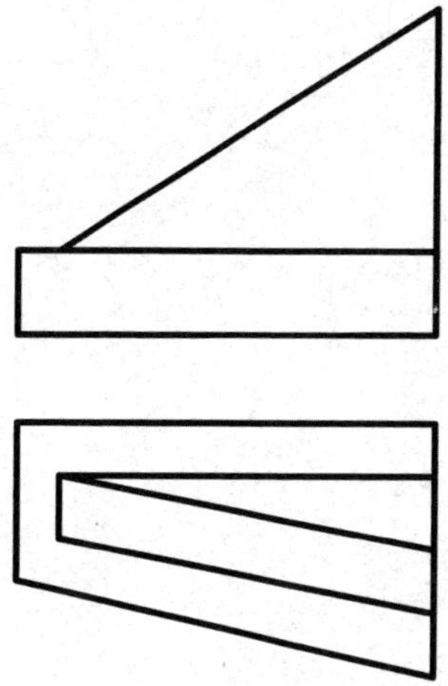

7.

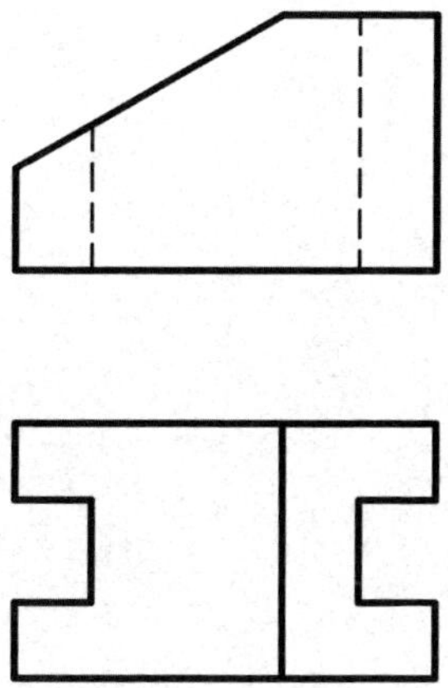

8.

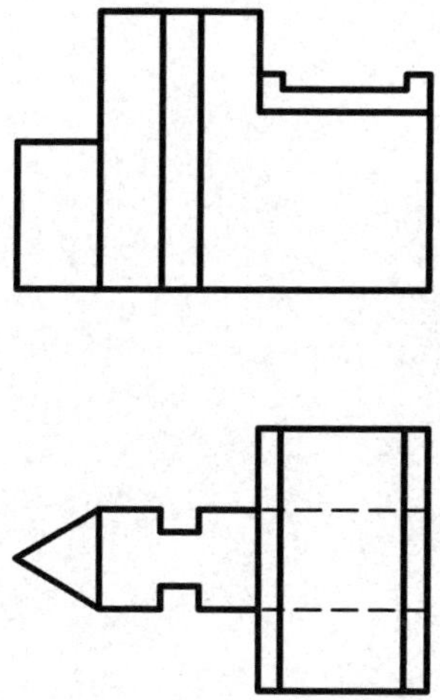

班级　　学号　　姓名

9.

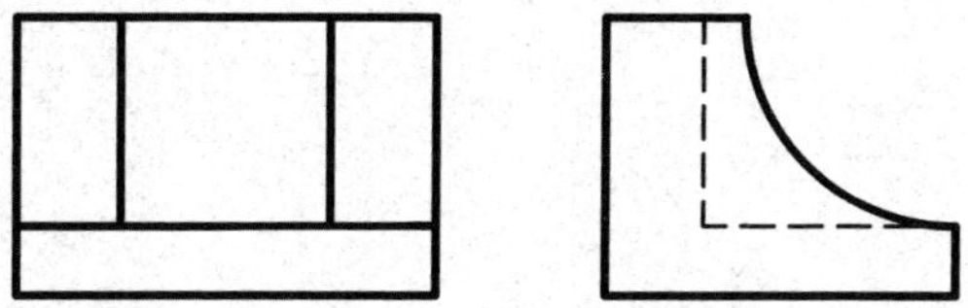

10.

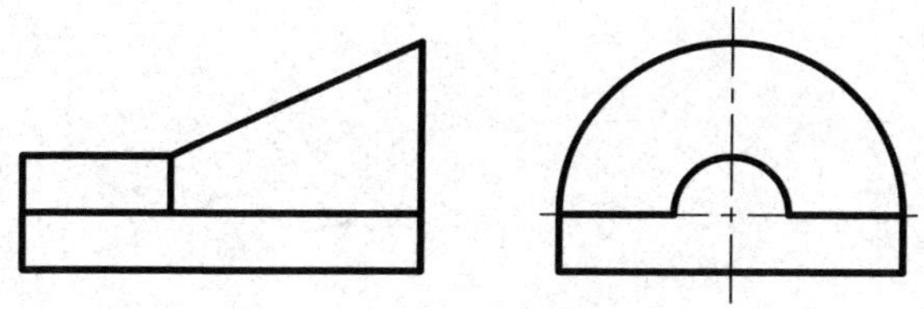

11.

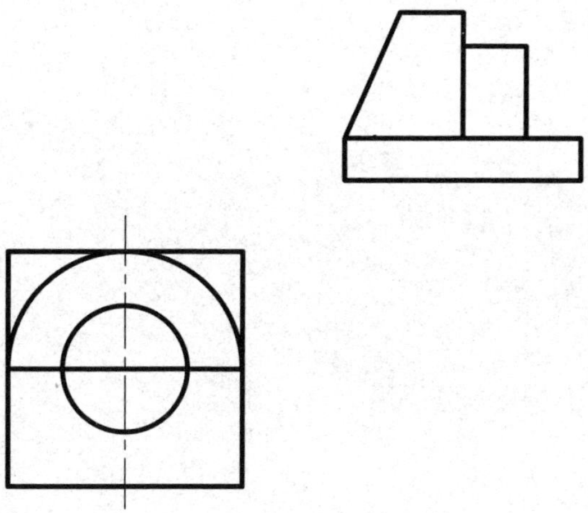

12.

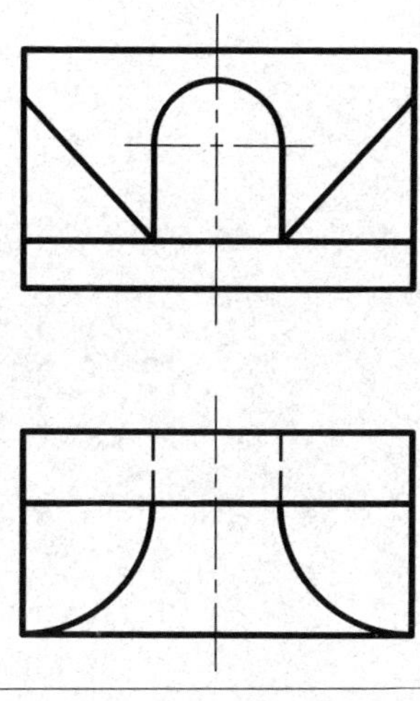

3-4 补绘图中所缺图线

班级 学号 姓名

1.

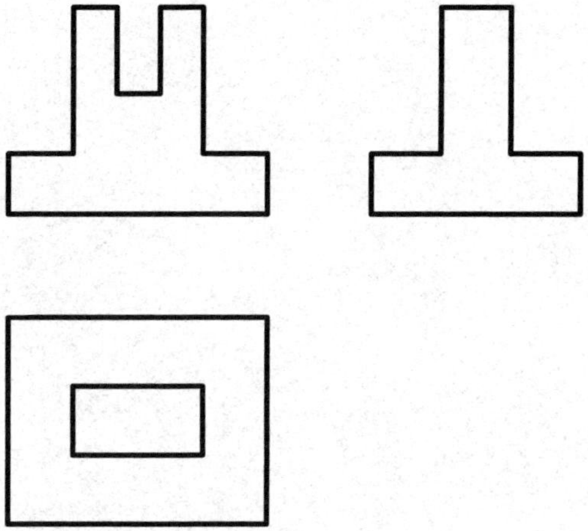

2.

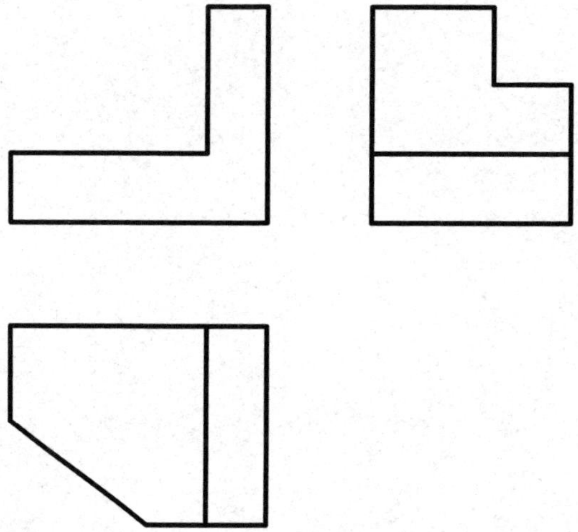

3.

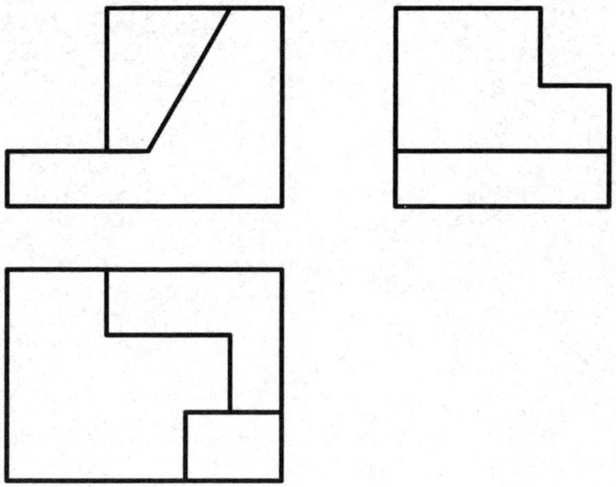

4.

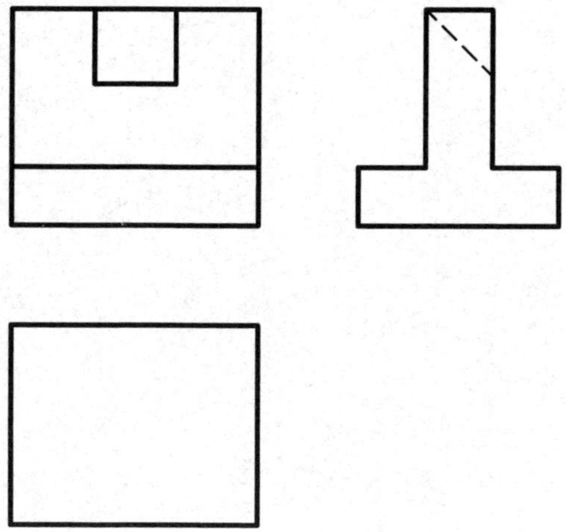

5.

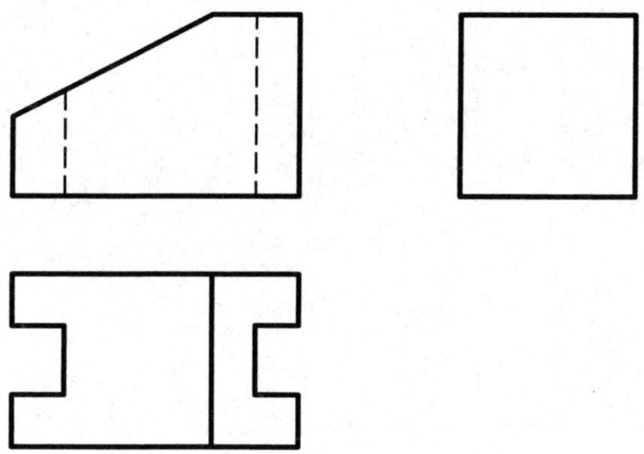

6.

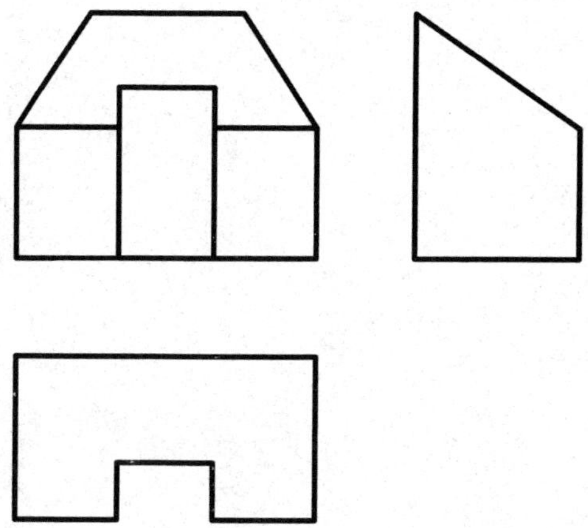

7.

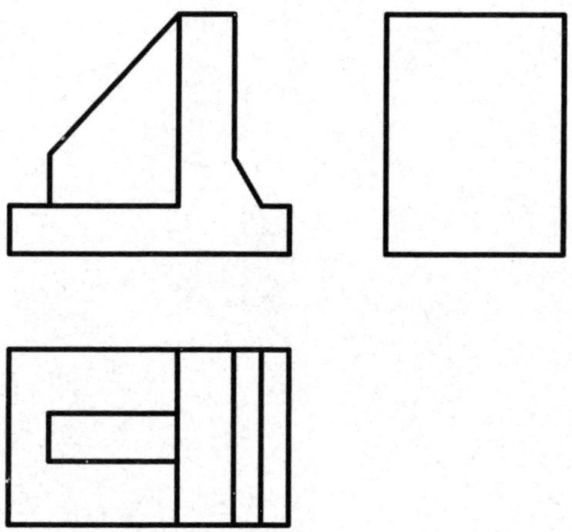

8.

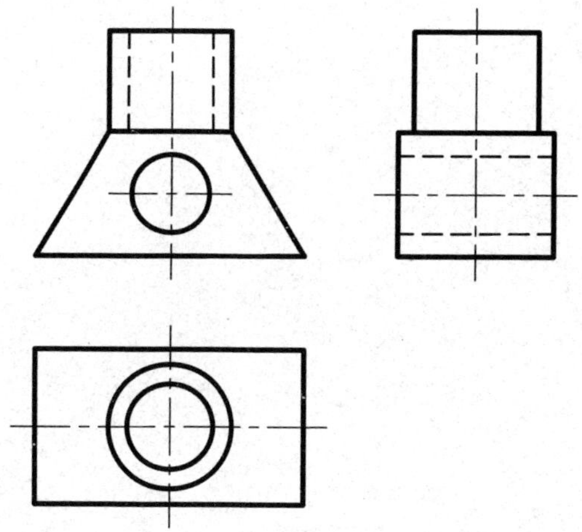

任务4　绘制轴测图

4-1　根据形体的视图绘制正等测图　　　　　　　　班级　　　　　　学号　　　　　　姓名

1.

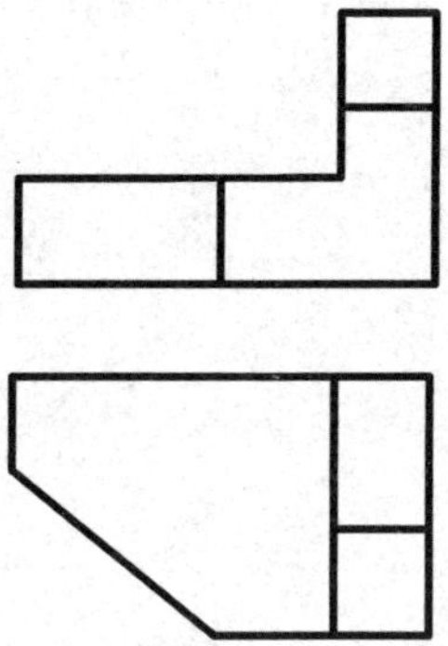

2.

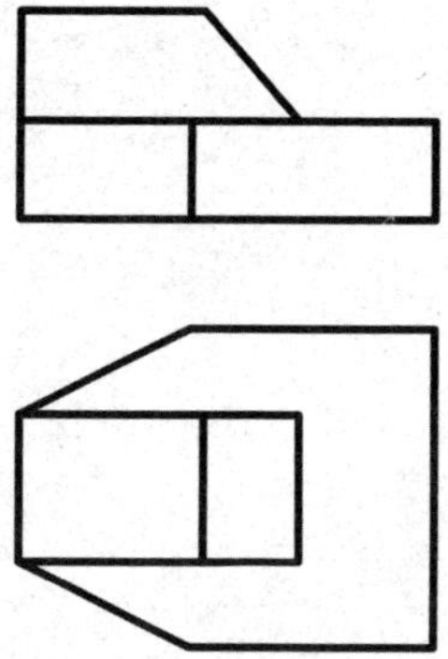

3.

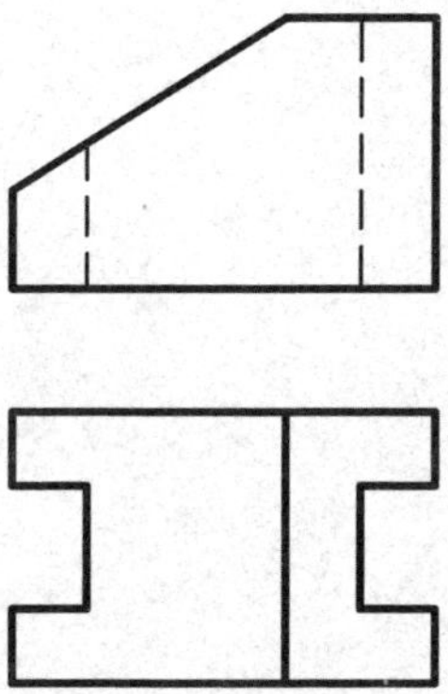

4.

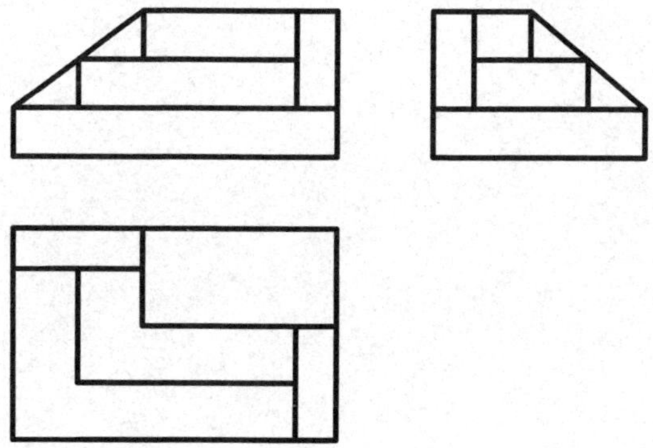

班级　　　　学号　　　　姓名

5.

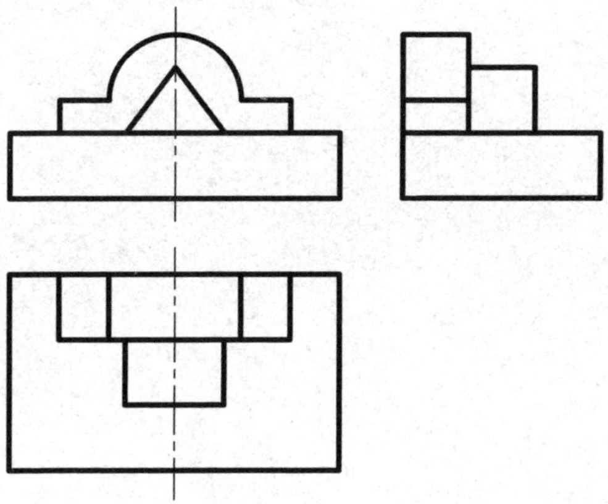

6.

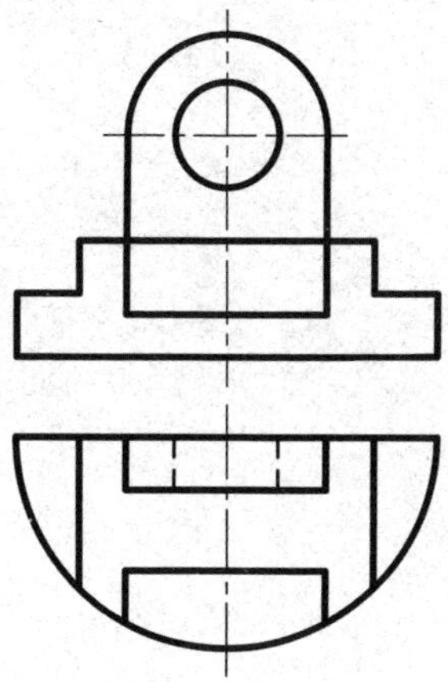

7.

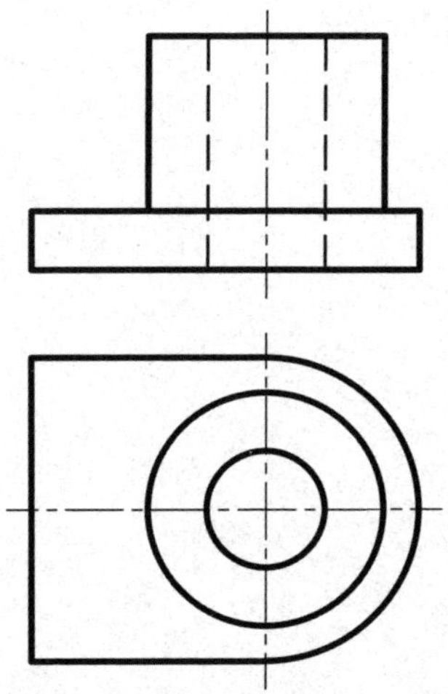

8.

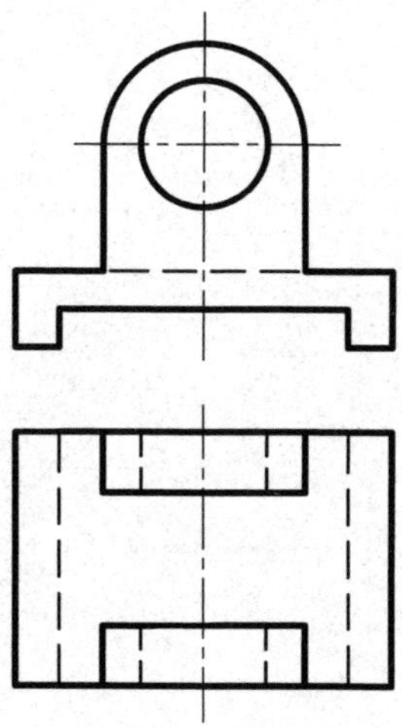

4-2　根据形体的视图绘制斜二测图　　　　班级　　　　学号　　　　姓名

1.

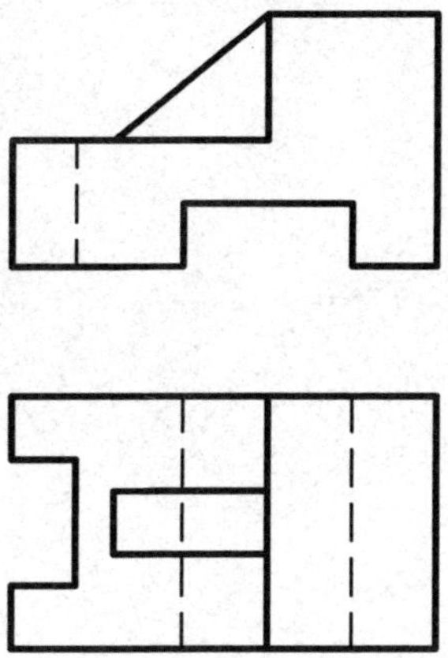

2.

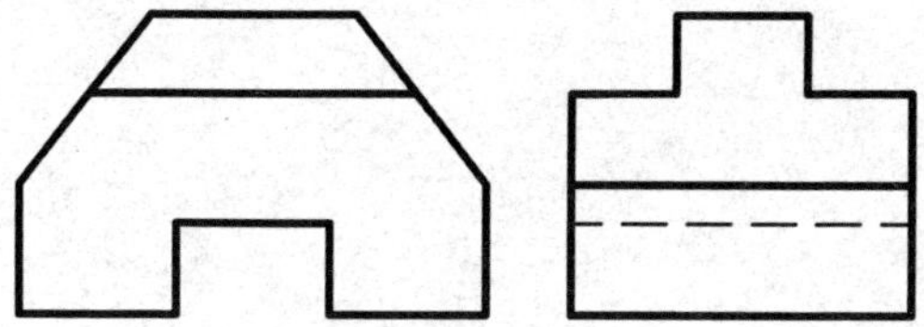

3.

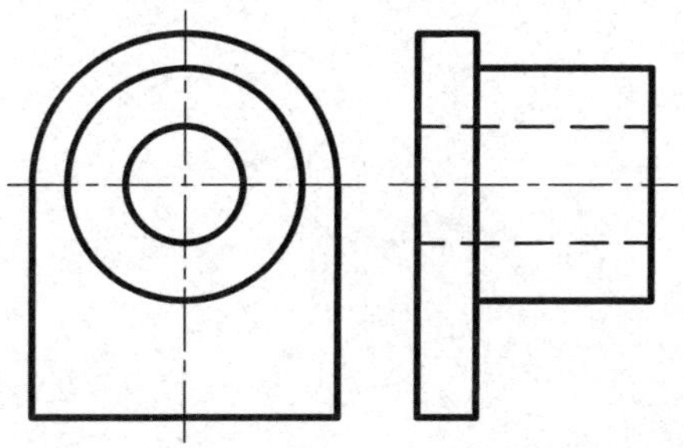

4.

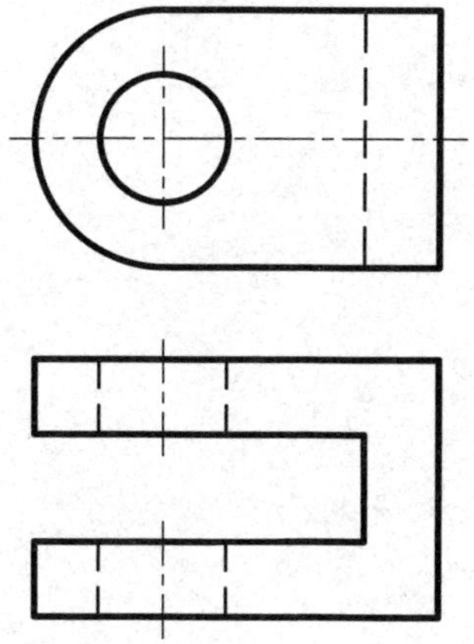

5-1　根据主、俯视图，绘制其他四个视图　　　　班级　　　　学号　　　　姓名

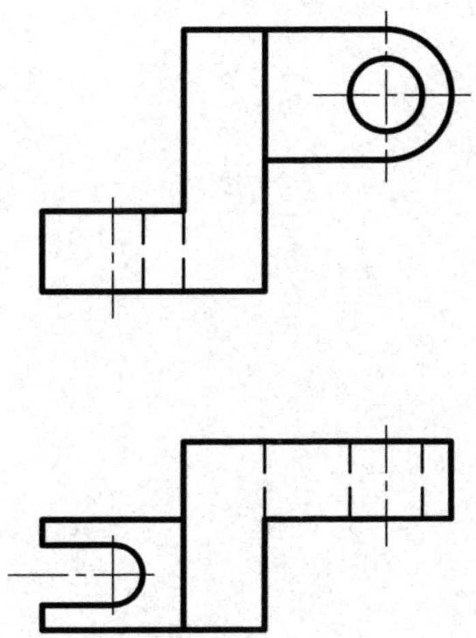

5-2 绘制A向斜视图与B向局部视图 班级 学号 姓名

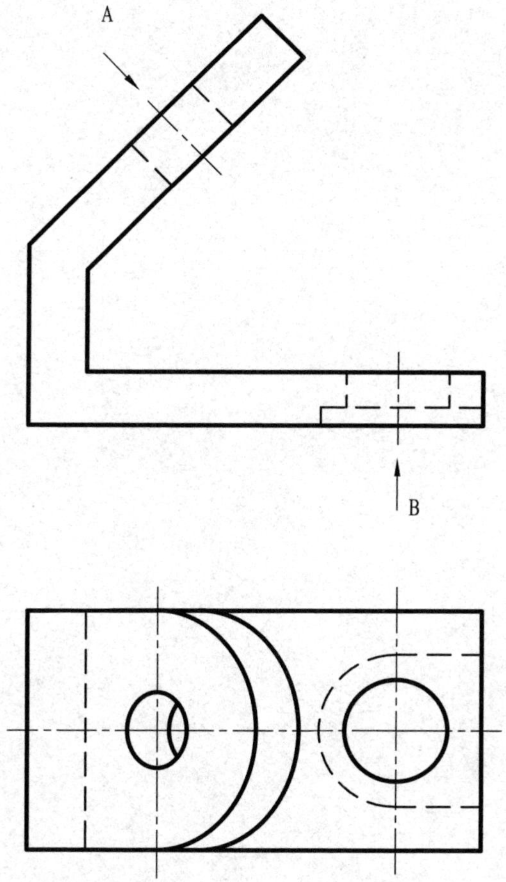

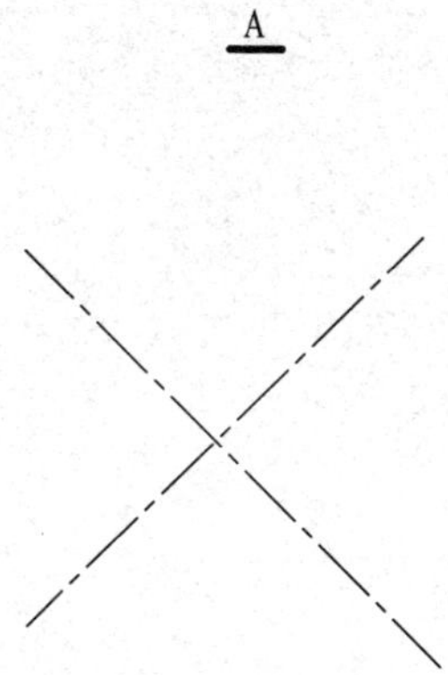

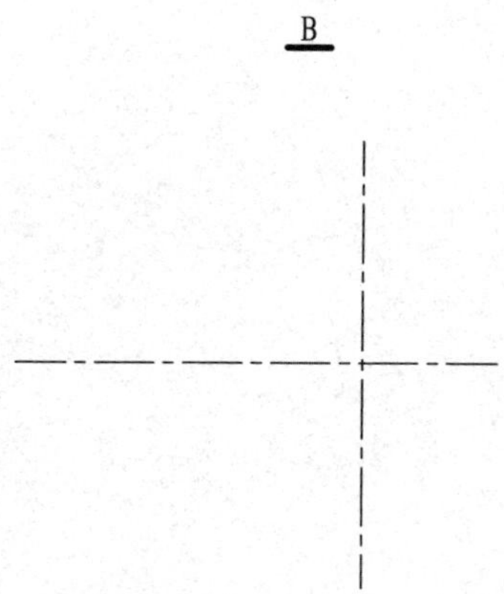

1. 补绘下面剖视图中所缺的图线。

(1)

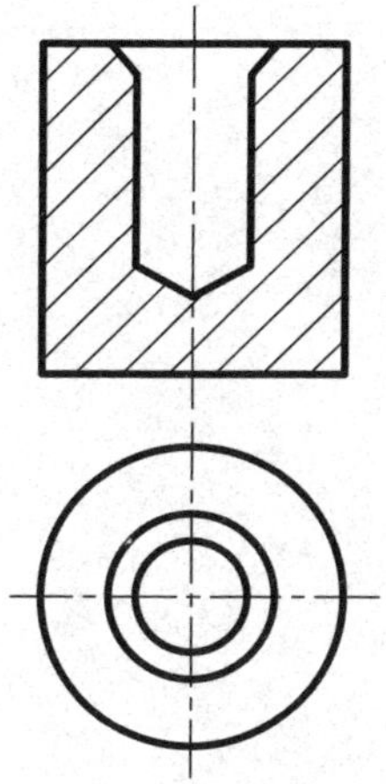

(2)

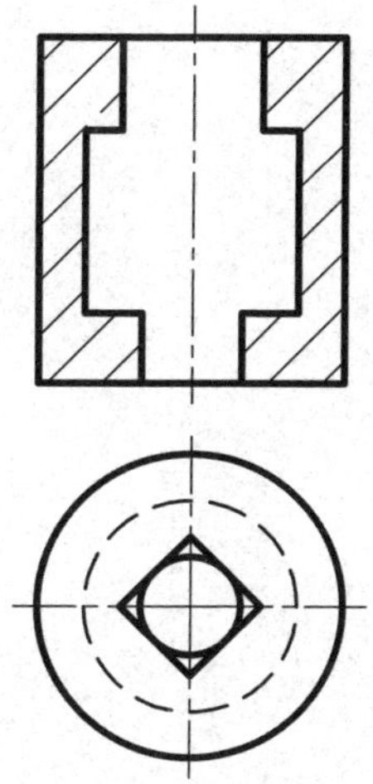

(3)

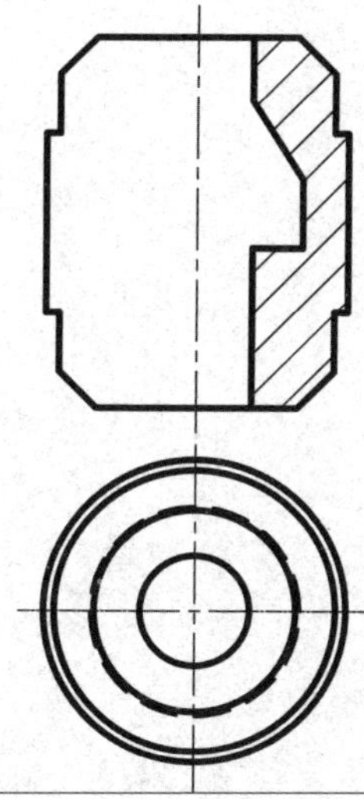

(4)

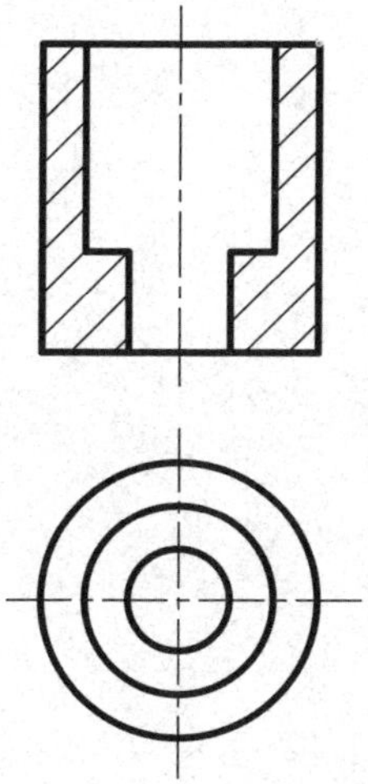

(5)

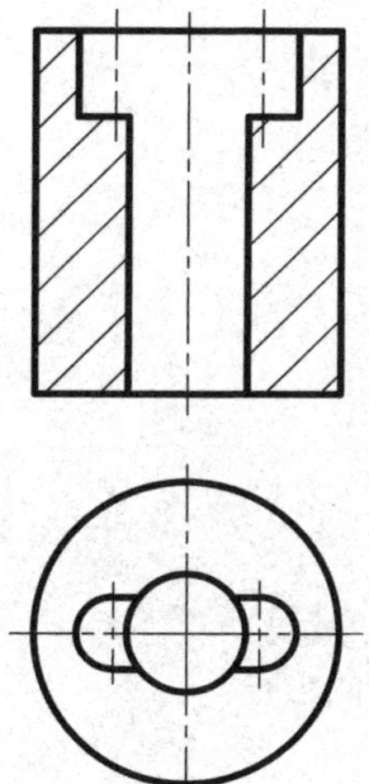

(6)

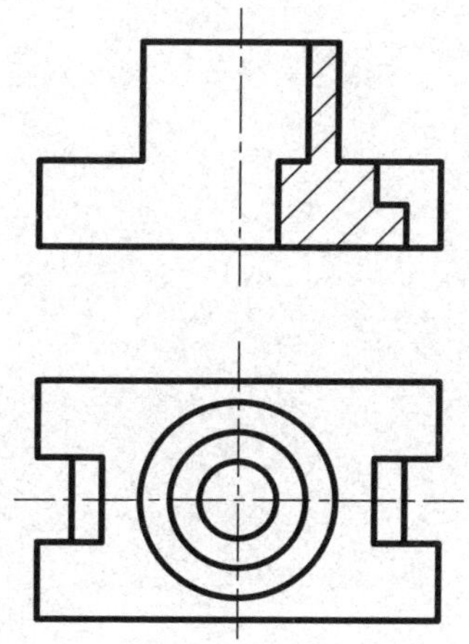

5-3 绘制剖视图

班级　　　　学号　　　　姓名

2. 在指定位置将主视图绘制成1-1全剖视图（材料为钢筋混凝土）。

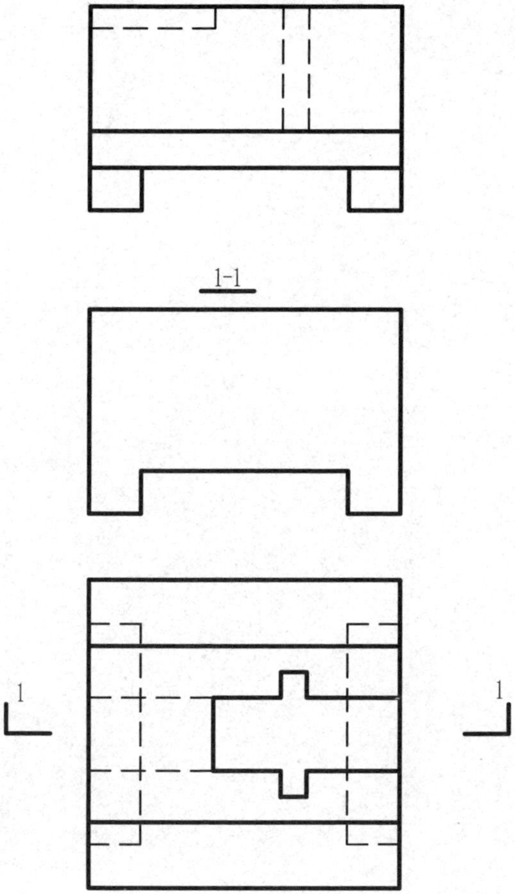

3. 在指定位置将主视图绘制成1-1全剖视图（材料为金属）。

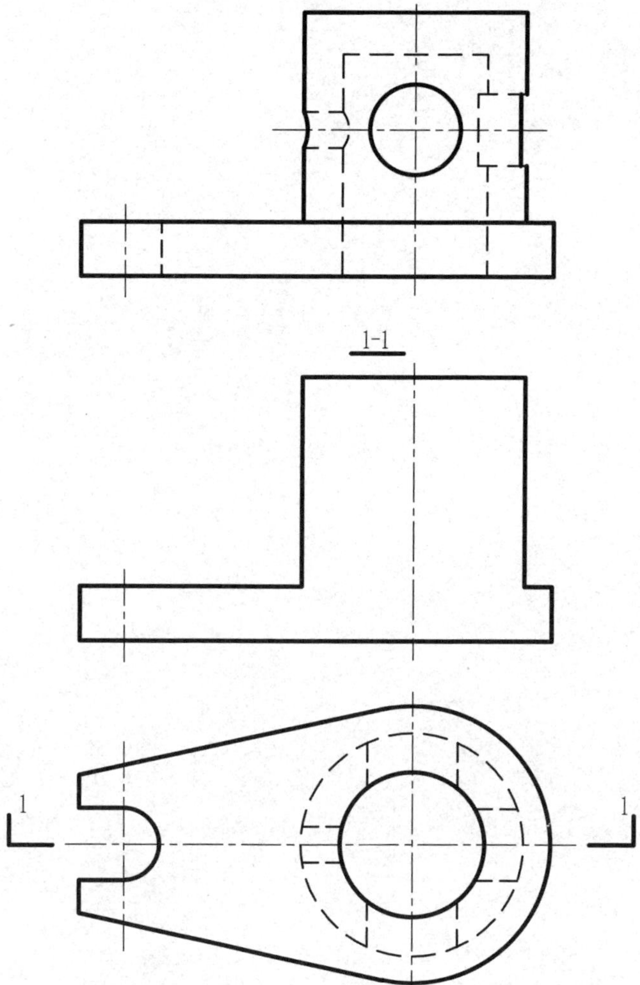

4. 在指定位置绘制2-2半剖视图。

1-1　　　　2-2

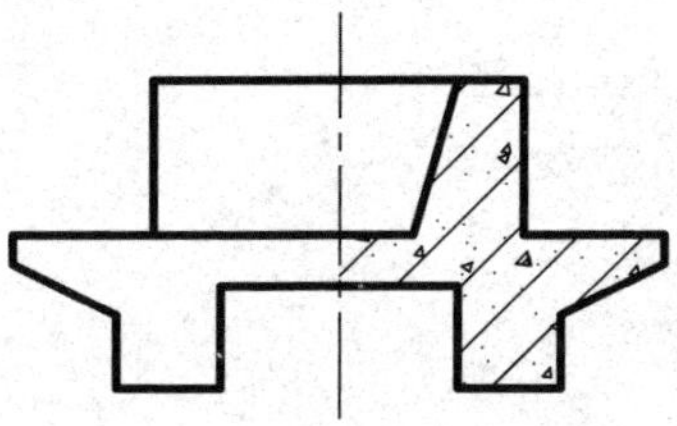

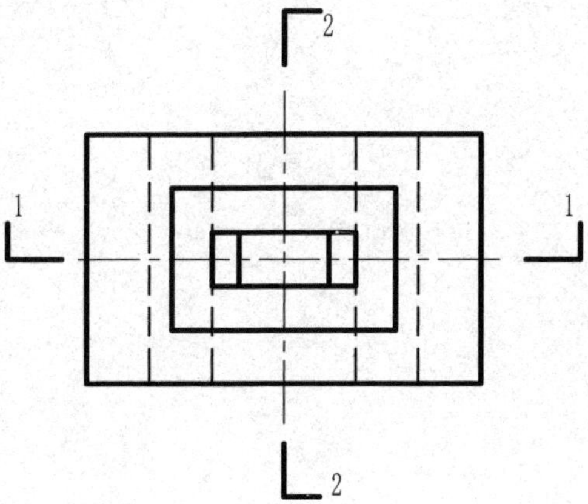

5. 在指定位置绘制1-1半剖视图、2-2全剖视图（材料为混凝土）。

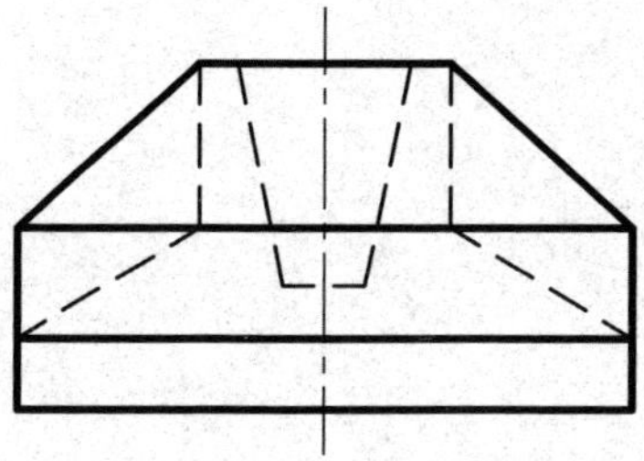

1-1　　　　2-2

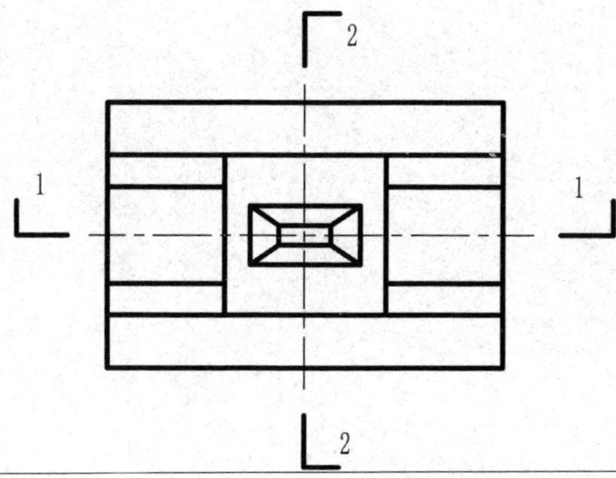

6. 在指定位置绘制1-1阶梯剖视图（材料为钢筋混凝土）。

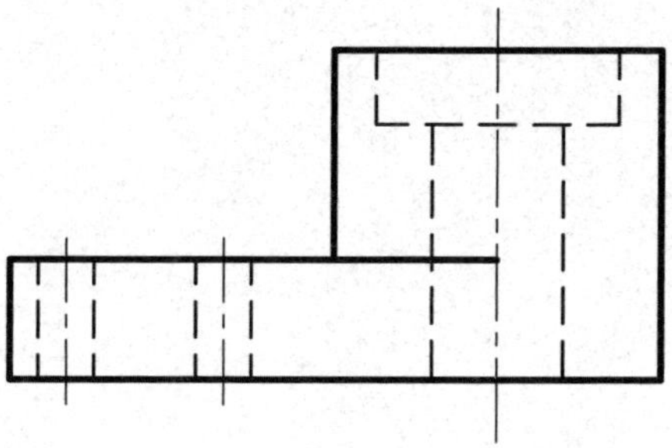

1-1

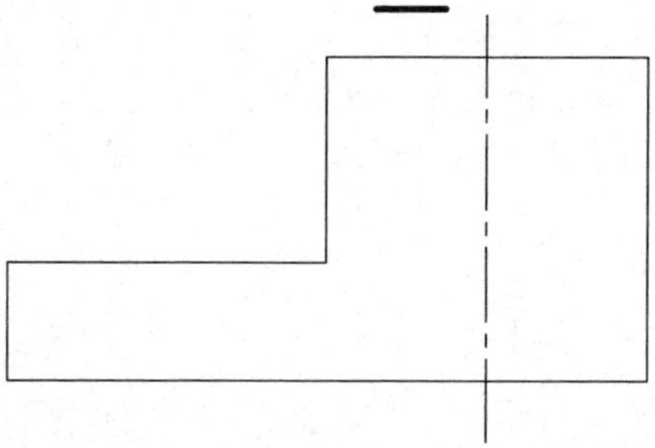

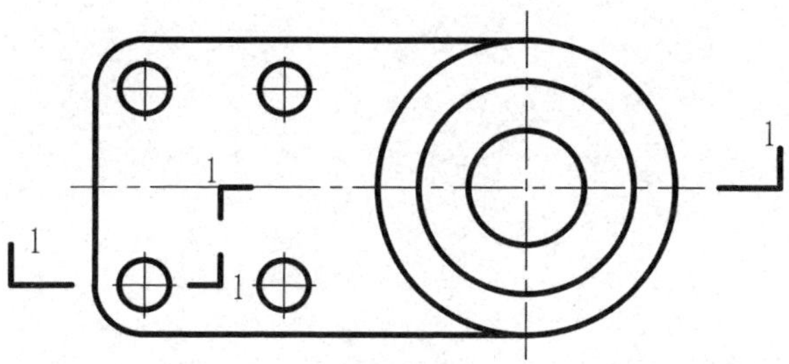

7. 在指定位置绘制1-1阶梯剖视图（材料为钢筋混凝土）。

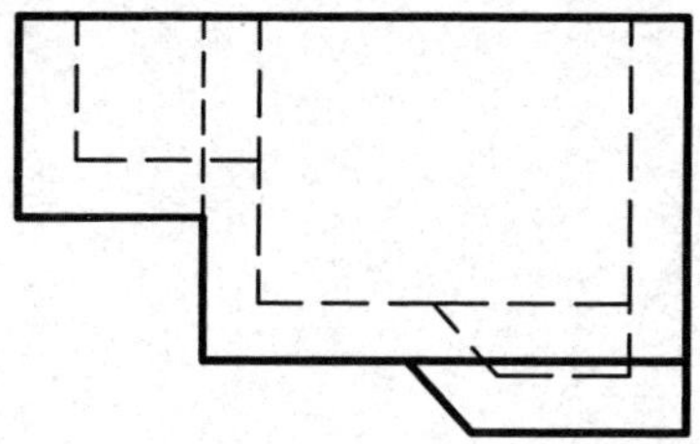

1-1

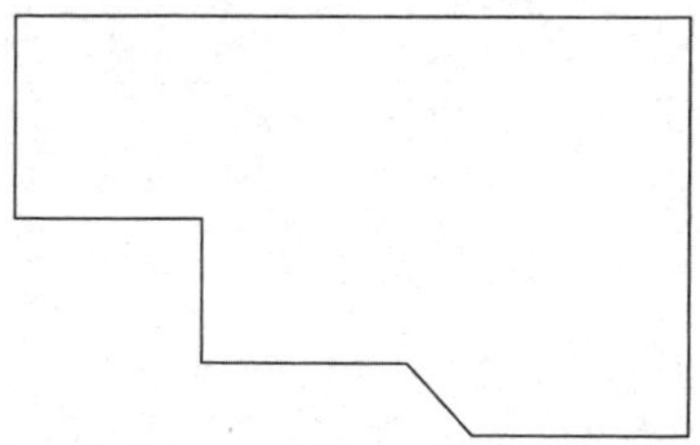

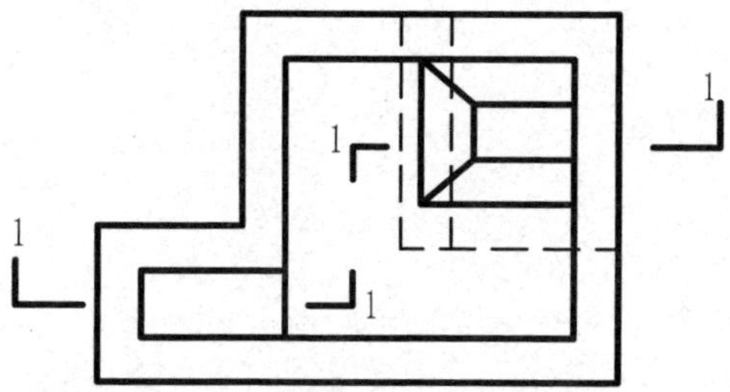

8. 绘制船闸闸首的2-2阶梯剖视图。

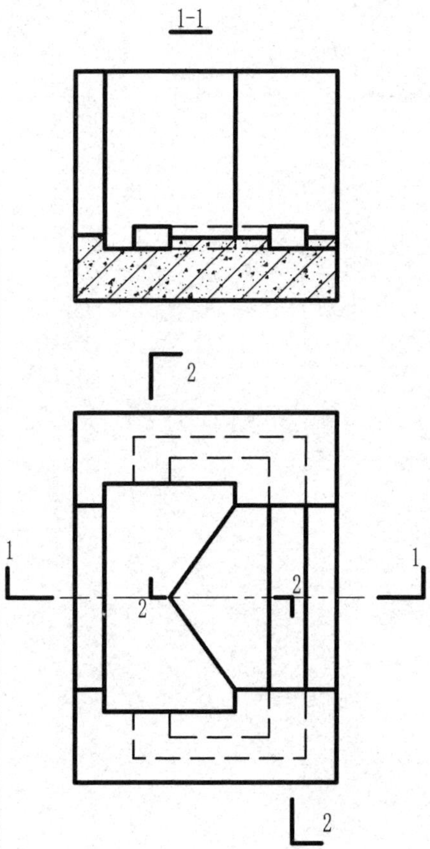

9. 把集水池的主视图绘制成1-1阶梯剖视图。

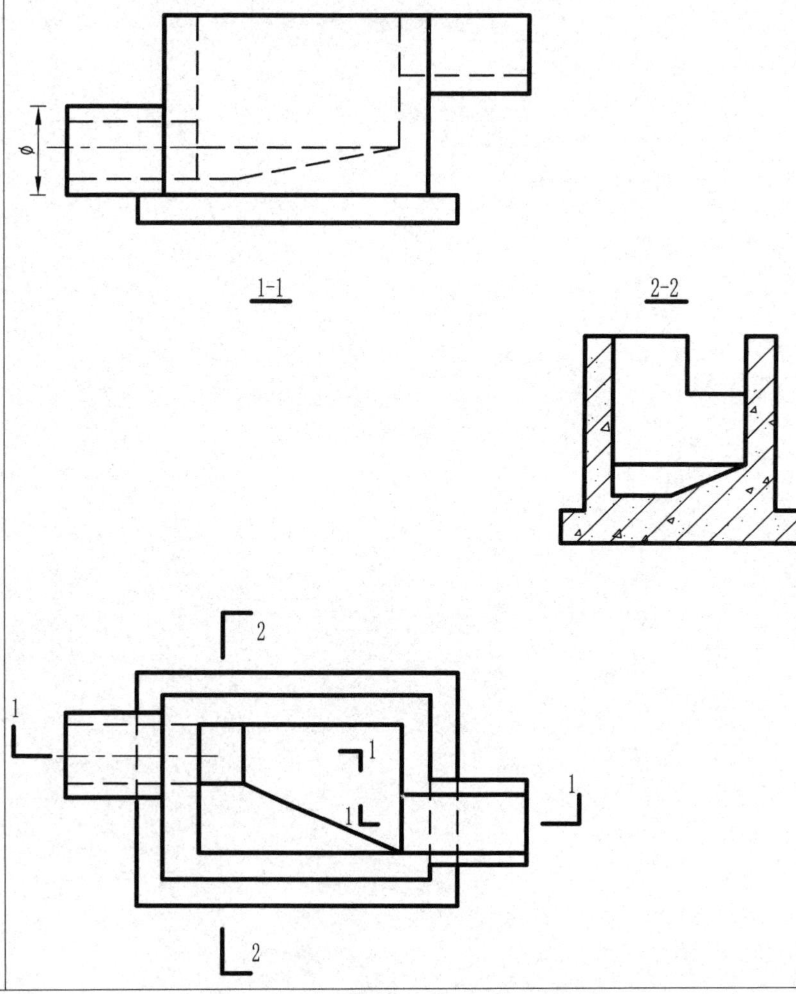

10. 在指定位置处绘制1-1旋转剖视图(材料为金属)。

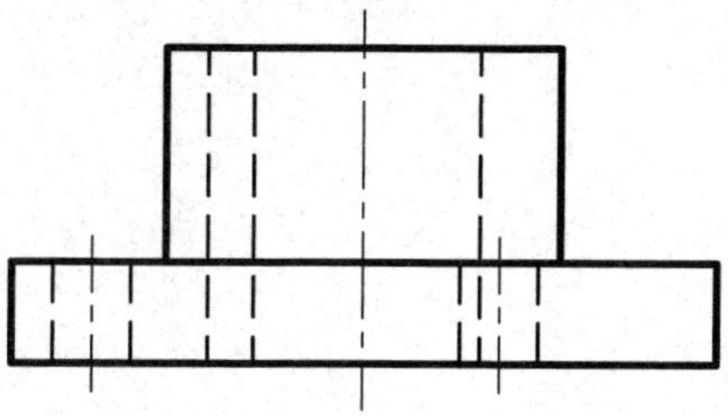

1-1

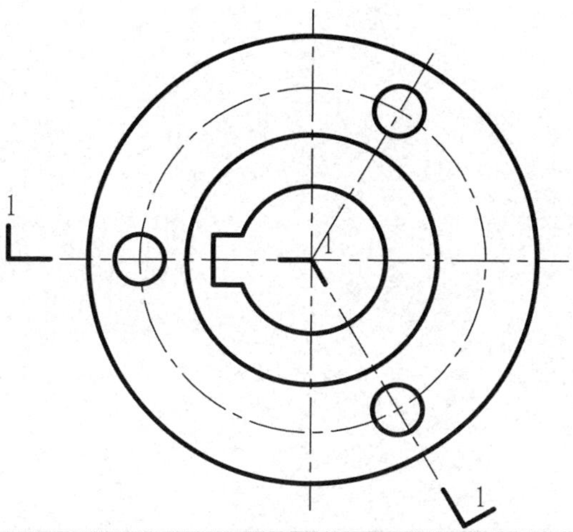

11. 在指定位置处绘制1-1复合剖视图(材料为金属)。

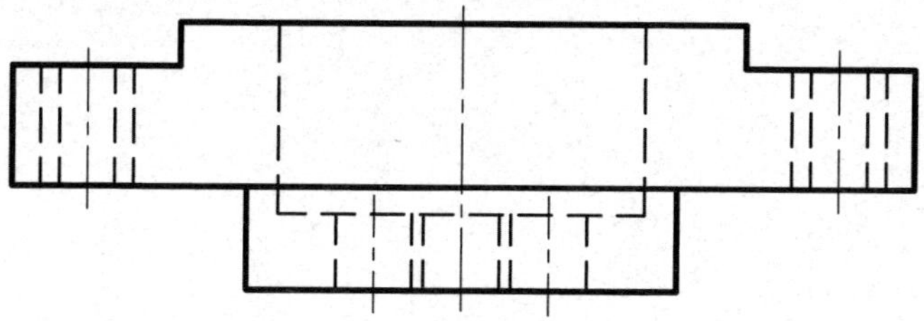

1-1

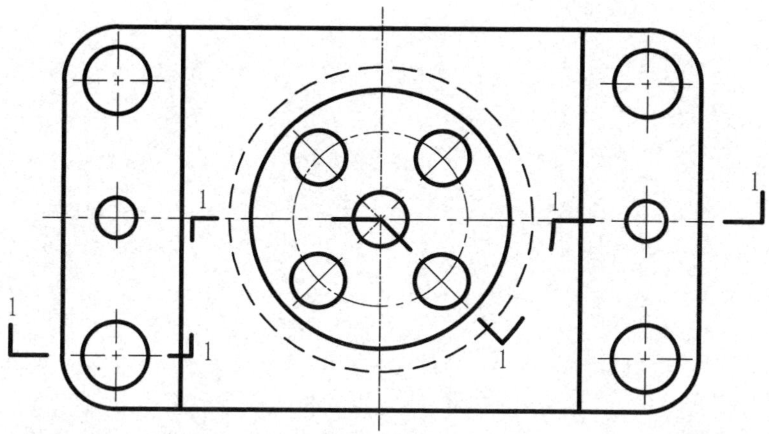

1. 在指定位置绘制柱的1-1、2-2断面图（材料为钢筋混凝土）。

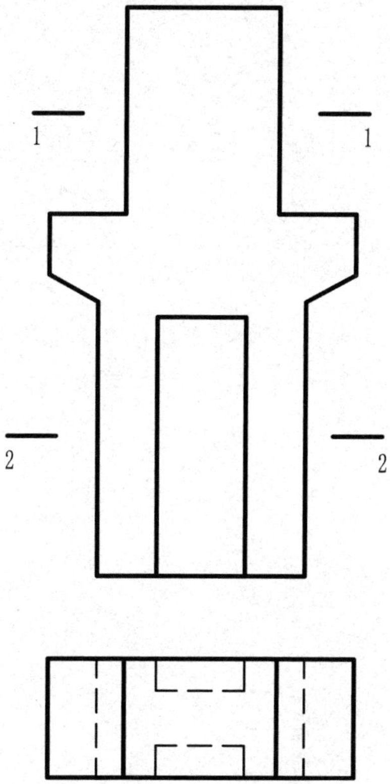

1-1

2-2

2. 在指定位置绘制梁的1-1、2-2断面图（材料为钢筋混凝土）。

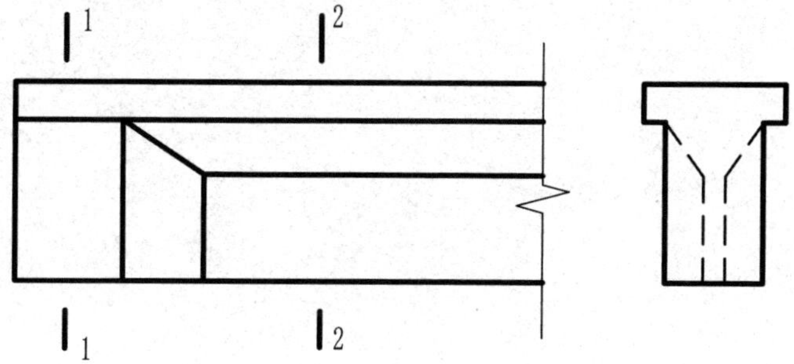

1-1

2-2

5-4 绘制断面图

班级 学号 姓名

3.绘制台阶的1-1断面图（材料为混凝土）。

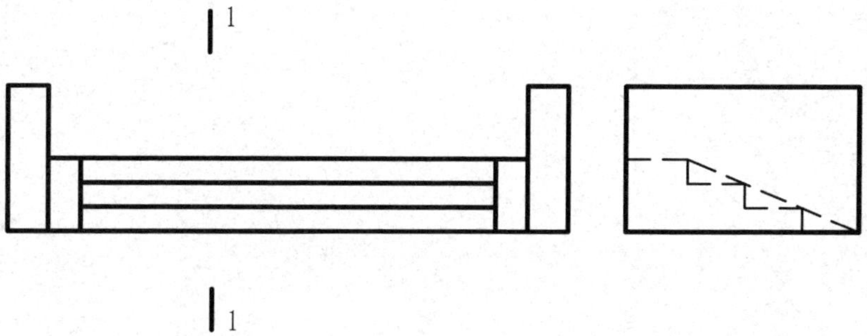

1-1

4.在指定位置绘制坝的1-1断面图（材料为混凝土）。

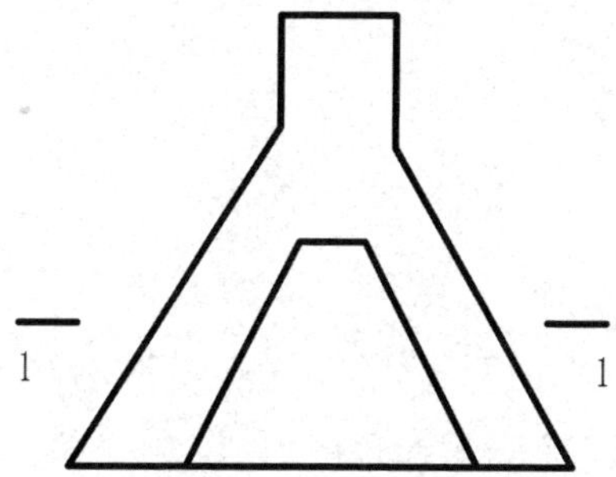

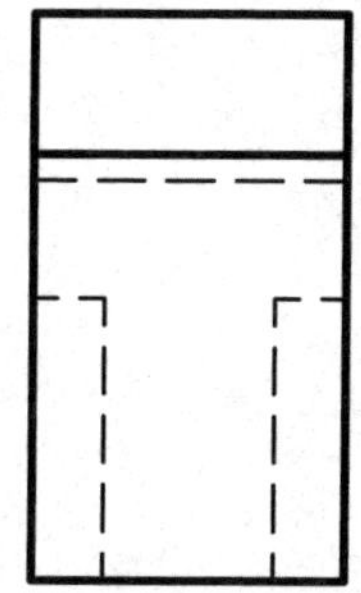

1-1

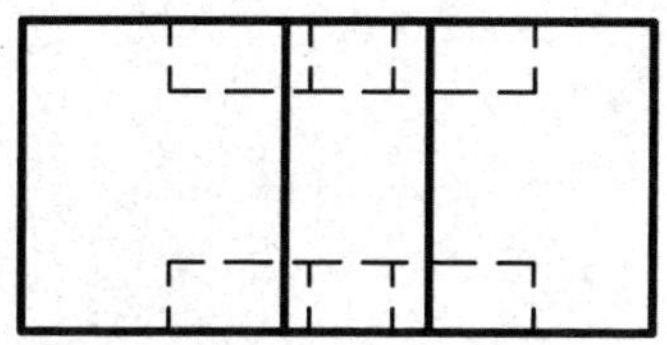

5.绘制止水木的2-2断面图。

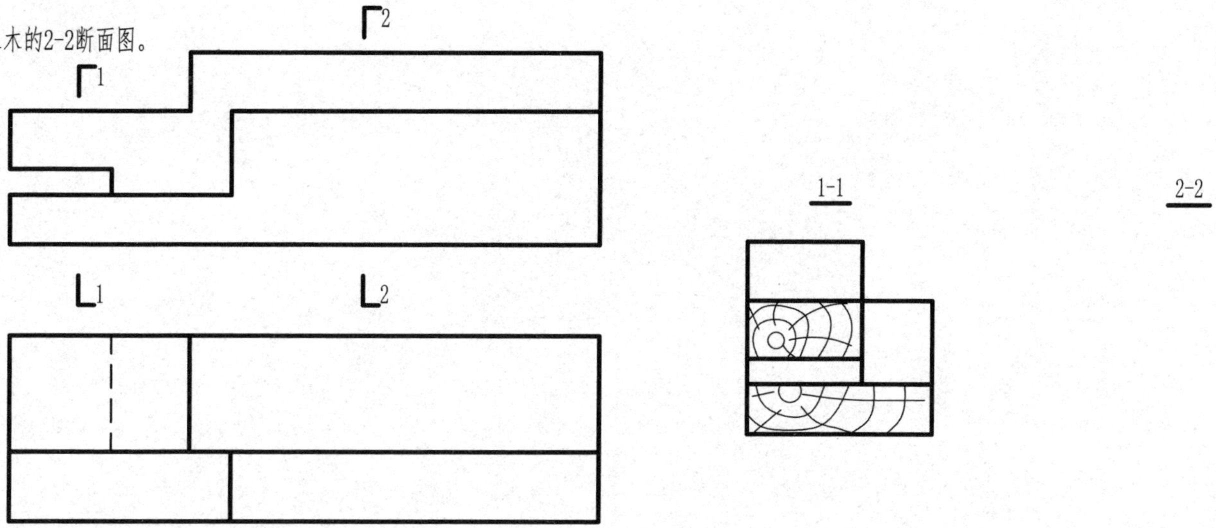

6.在指定位置绘制混凝土梁的2-2、3-3断面图。

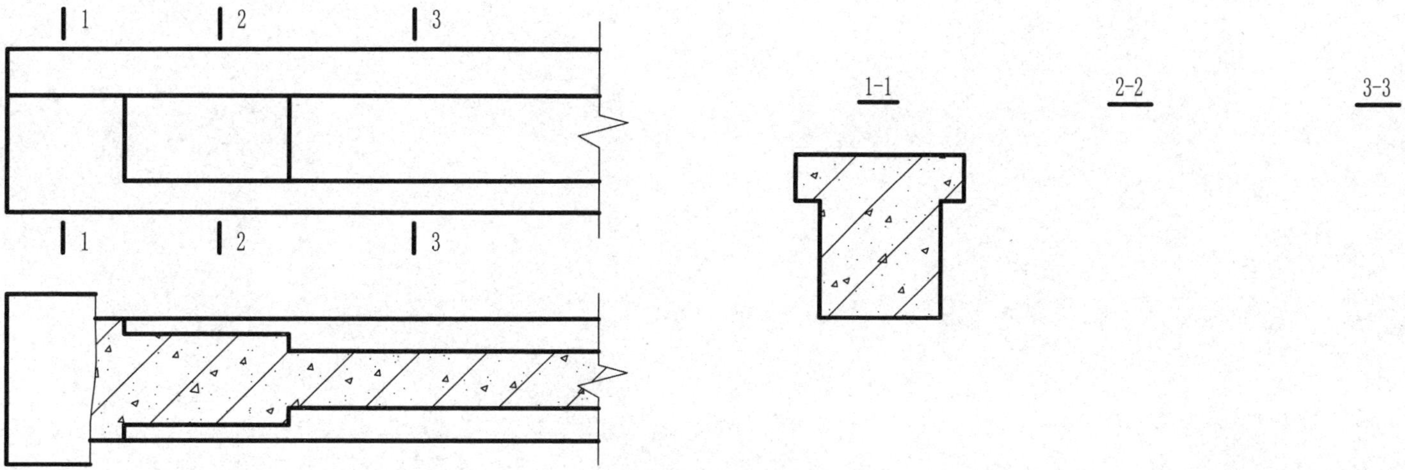

5-5 绘制水池图样　　　　班级　　　　学号　　　　姓名

根据水池轴测图，采用1:10的比例，采用合适的视图表达方案在A3幅面图纸上绘制其视图，并标注尺寸。

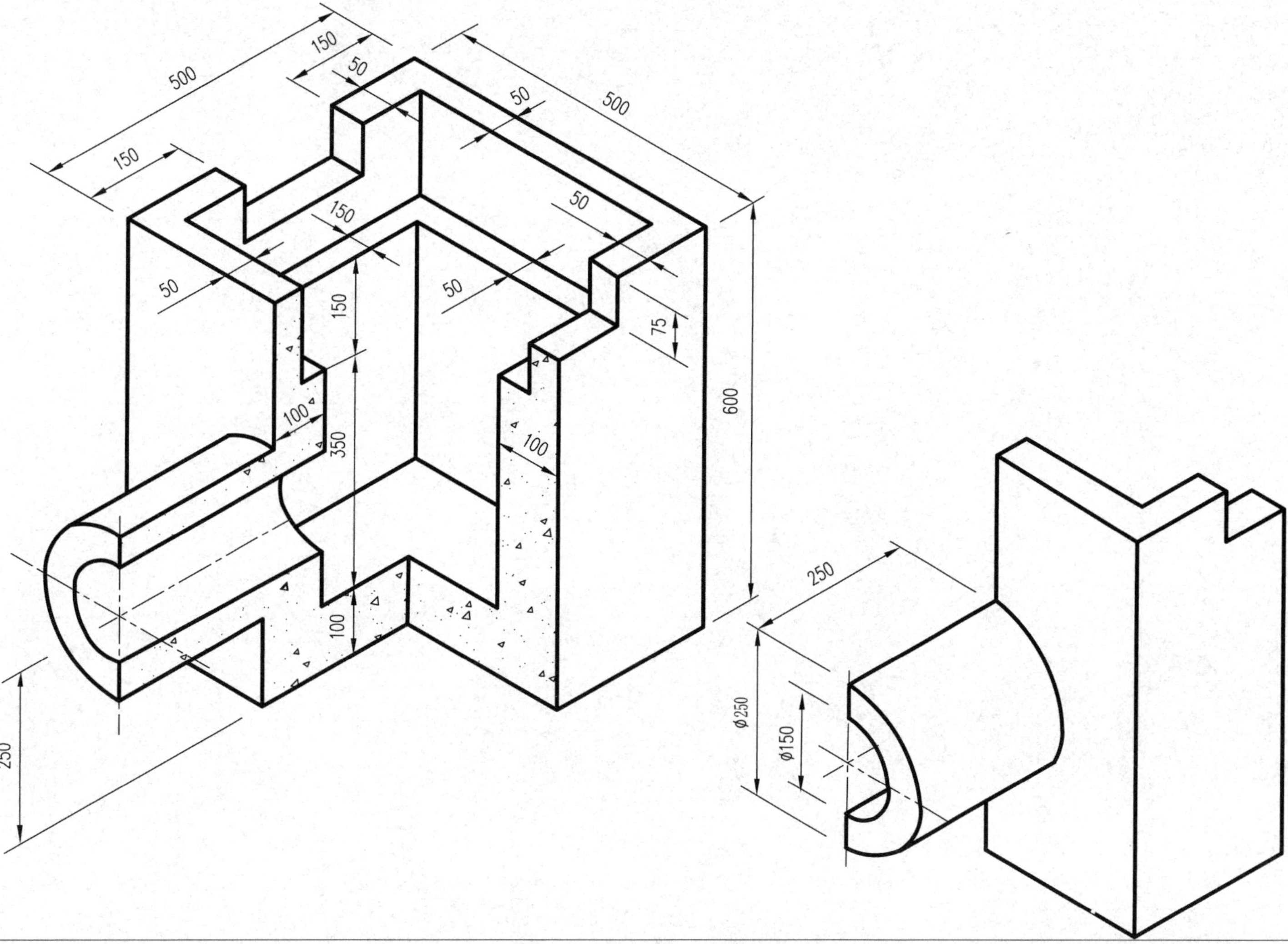

5-6　绘制渠道图样　　　　　　　　班级　　　　　　学号　　　　　　姓名

根据渠道视图，想象渠道的形状，在指定位置绘制4-4剖视图。

1-1

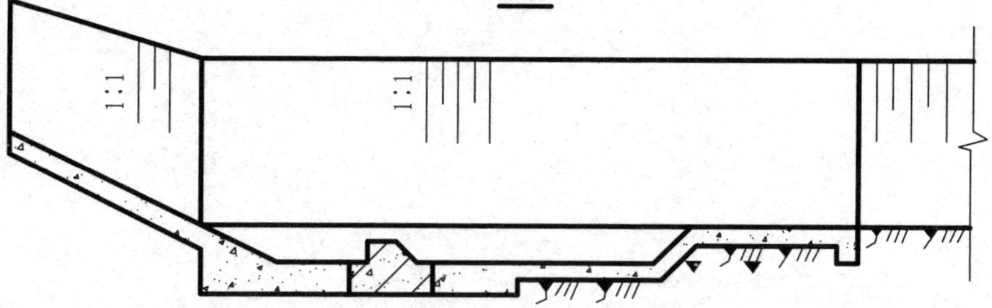

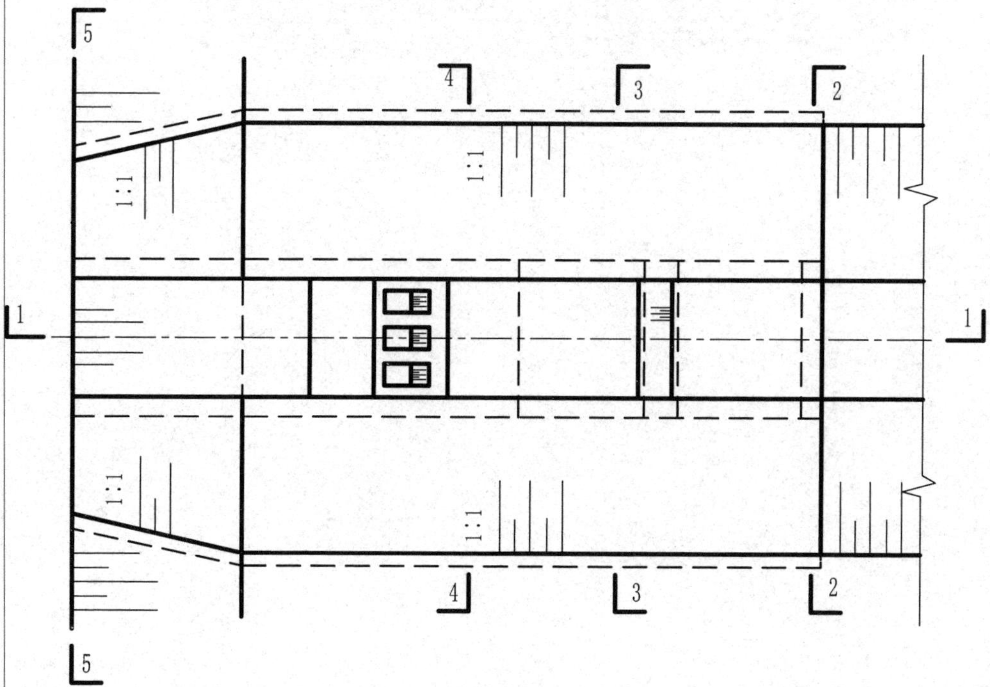

2-2

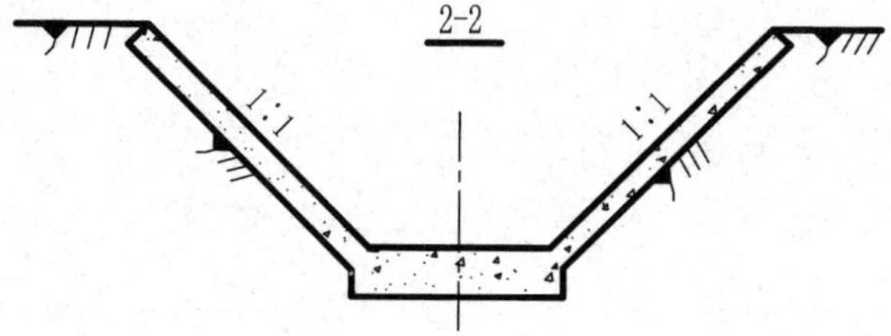

3-3

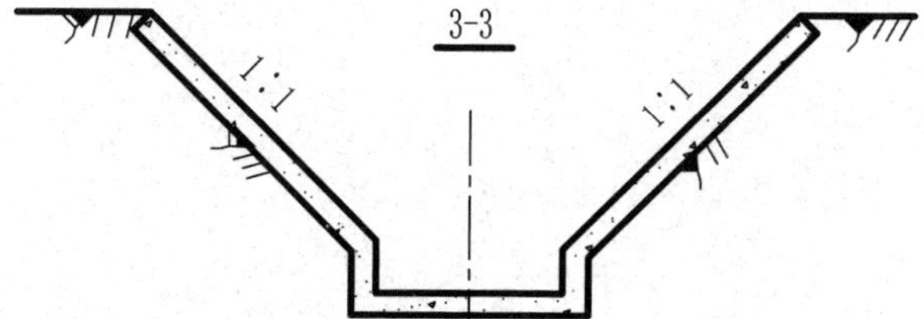

5-5

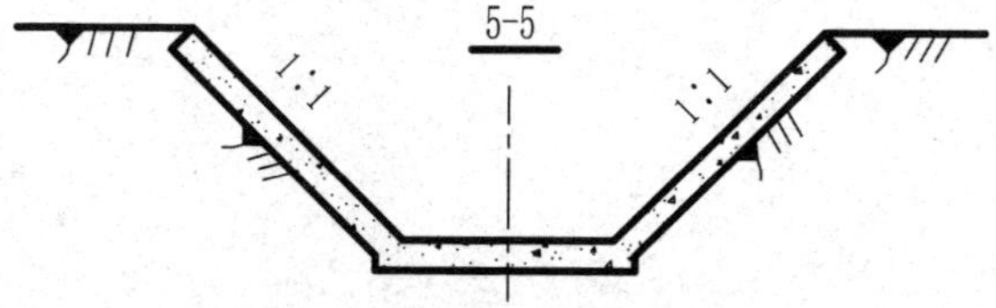

4-4

任务6 绘制水工建筑物的标高投影

6-1 绘制点、线、面及平地面上建筑物的标高投影　　　　班级　　　　学号　　　　姓名

1. 绘制直线上高程为12m、10m、8m的点。

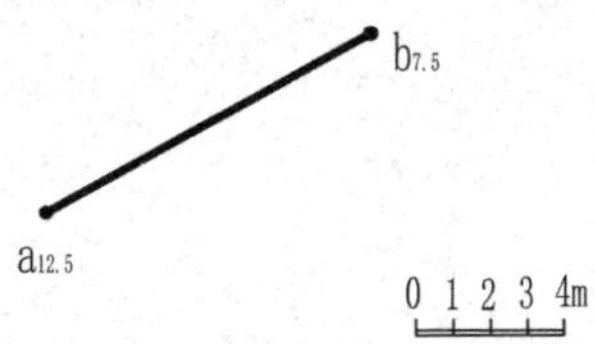

2. 绘制平面上高程为5m、6m、7m的等高线。

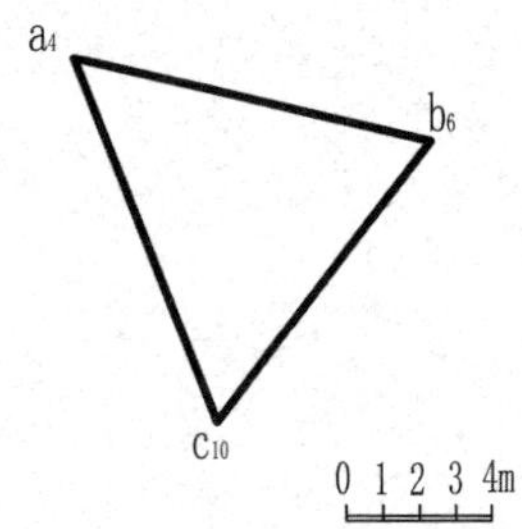

3. 在高程为0m的地面上开挖一高程为-2m的基坑，开挖边坡的坡度均为1∶0.5，绘制标高投影图。

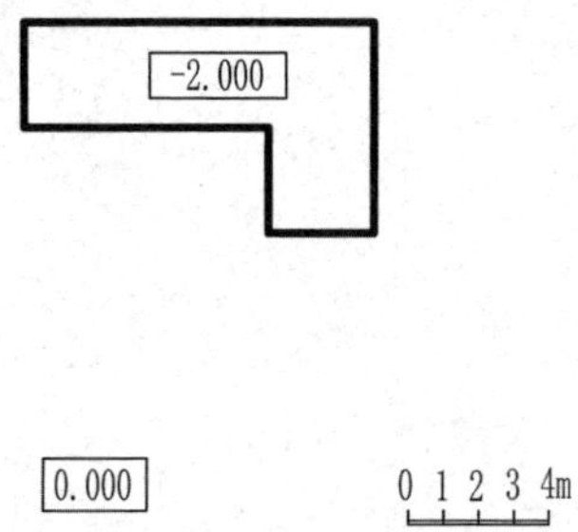

4. 在高程为0m的地面上筑一高程为3m的平台，下列各图均为平台一角，绘制其标高投影图（比例1∶200）。

(1)

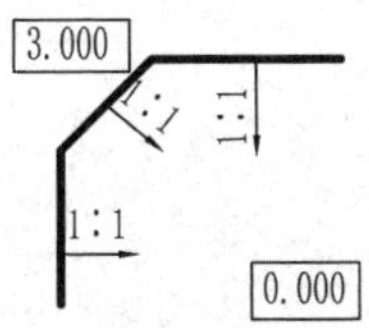

(2)

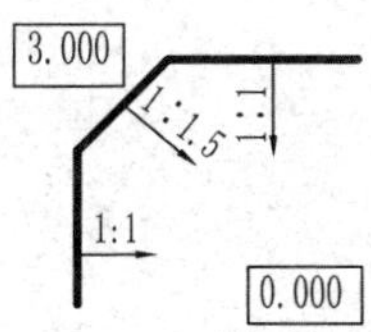

(3)

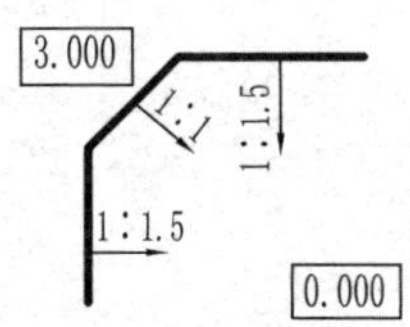

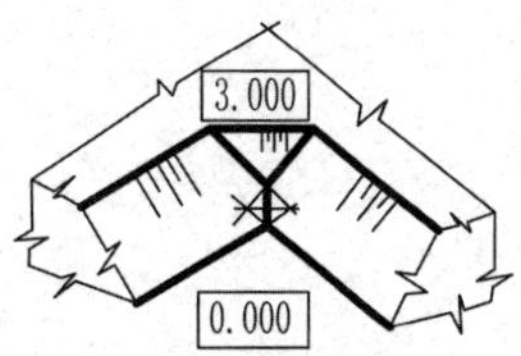

5. 在高程为1m的地面上筑一高程为5m的平台，有一斜坡道通向平台，各坡面坡度如图所示，绘制其标高投影图（比例1:250）。

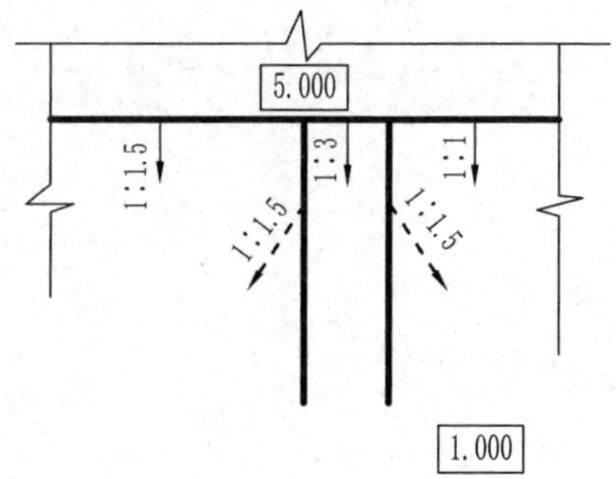

6-2 绘制平地面上建筑物的标高投影

班级　　学号　　姓名

1. 在高程为2m的地面上开挖一高程为-1m的基坑，挖方边坡如图所示，绘制其标高投影图（比例为1∶200）。

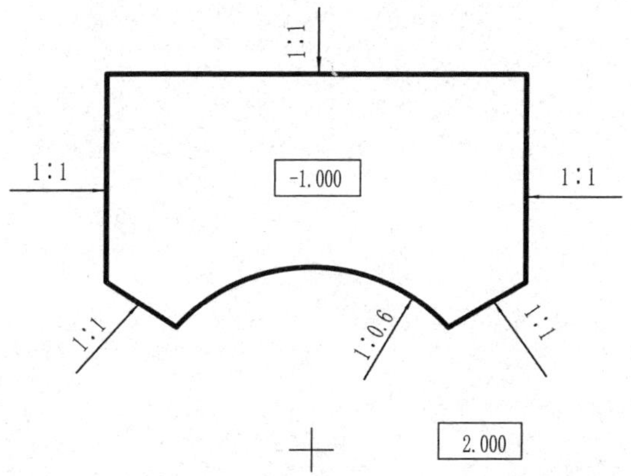

2. 在高程为0m的地面筑大小两堤，堤顶的高程及两侧边坡如图所示，绘制其标高投影图（比例为1∶500）。

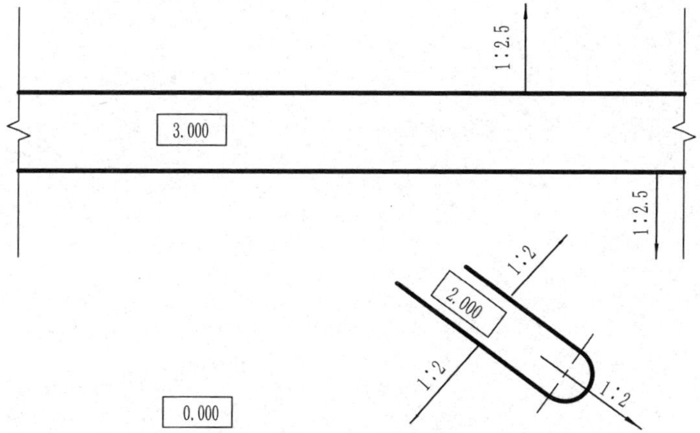

3. 在高程为4m的地面上开挖一高程为0m的基坑，挖方边坡坡度为1∶1，在左边从地面入坑设一斜坡道，斜坡道上等高线及两侧边坡坡度如图所示，绘制其标高投影图（比例为1∶200）。

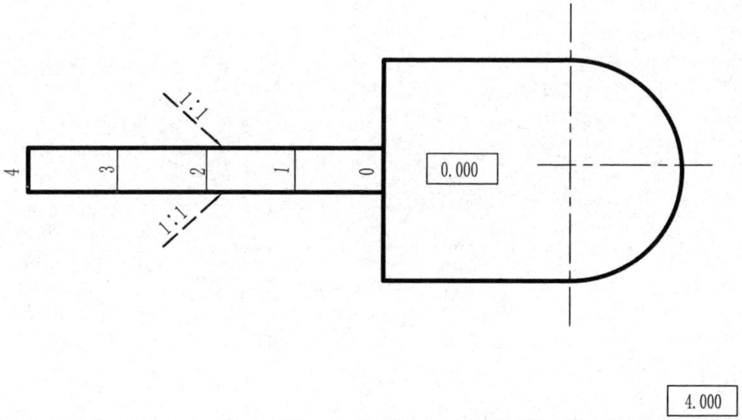

4. 各平台高程边坡坡度如图所示，绘制其标高投影图（比例为1∶200）。

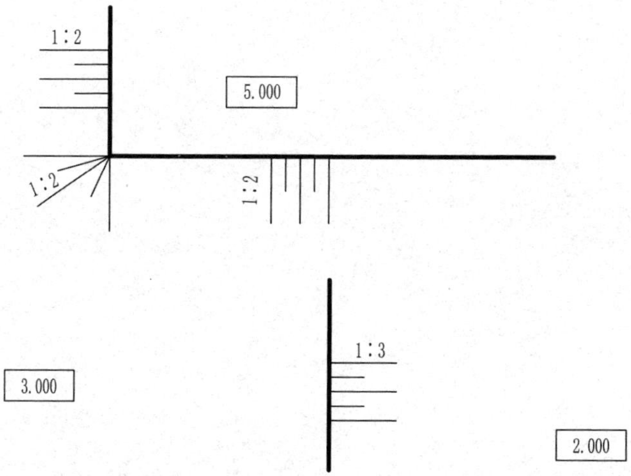

6-3 绘制地形面上建筑物的标高投影

班级　　　　学号　　　　姓名

1. 平台高程为121m，挖方边坡坡度为1∶1，绘制其标高投影图（比例为1∶200）。

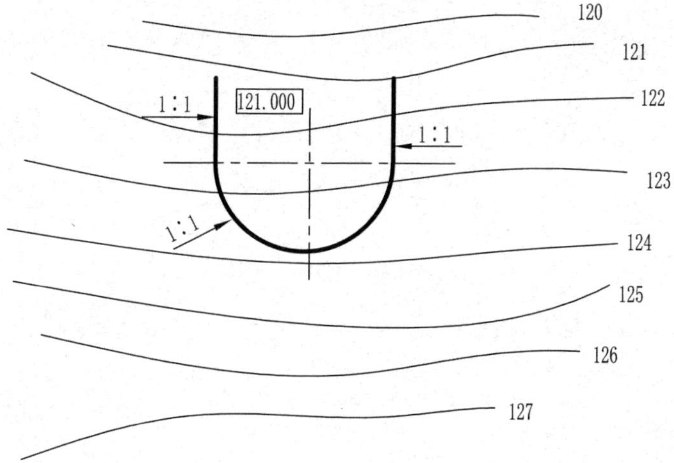

2. 在地面上筑一高程为25m的平台，用1∶2的斜坡道与地面相连，各侧边坡坡度均为1∶1.5，绘制其标高投影图（比例为1∶200）。

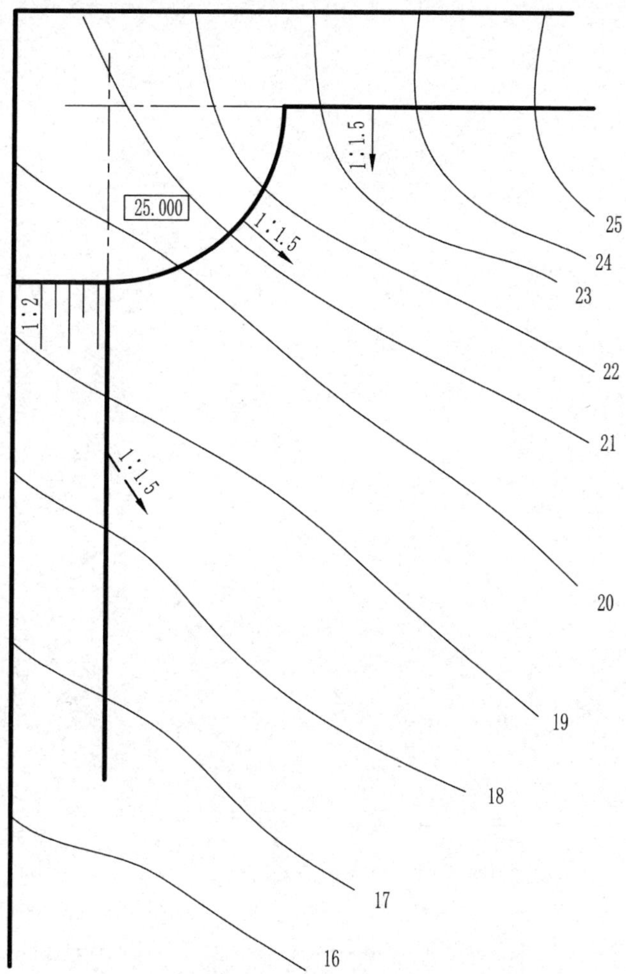

3. 在山坡上筑一水平场地，其高程为121m，挖方边坡坡度为1∶1，填方边坡坡度为1∶1.5，绘制其标高投影图（比例为1∶200）。

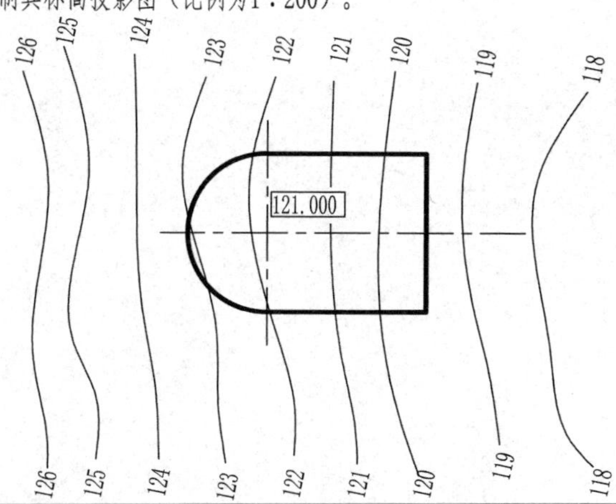

已知地形图、土坝坝顶和下游马道的位置（土坝是黏土材料）。

(1) 绘制土坝的平面图。

(2) 绘制A-A断面图。

平面图

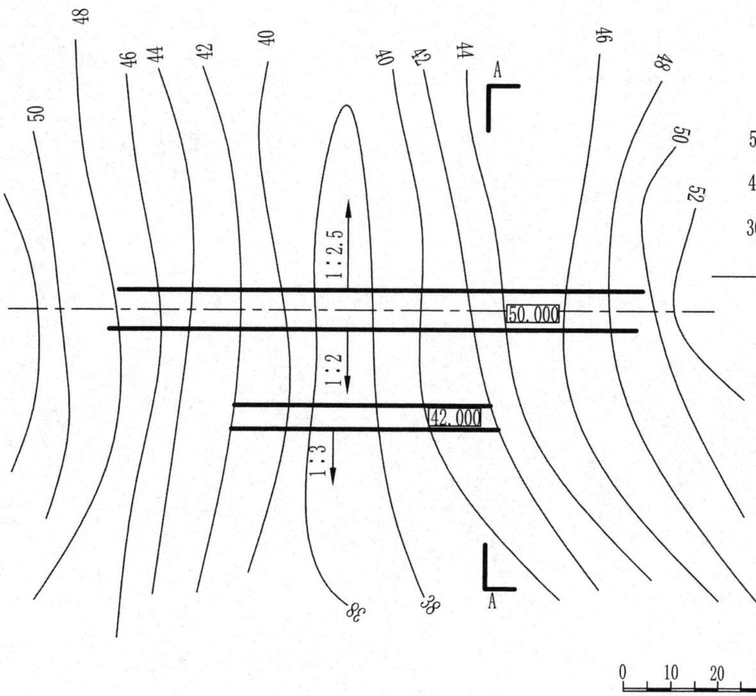

A-A断面图

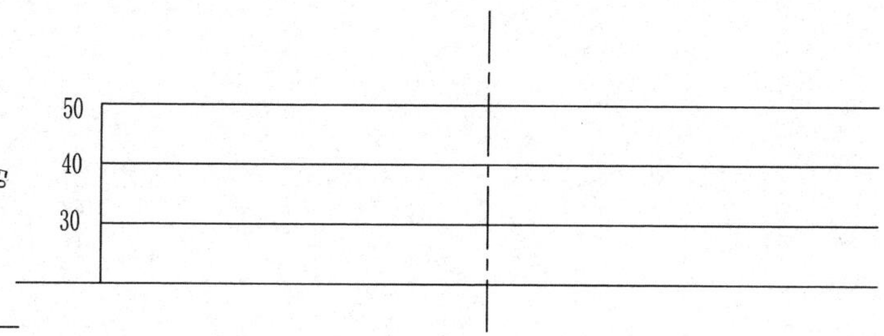

6-5 绘制地形面上建筑物的标高投影

班级　　　　　　学号　　　　　　姓名

1. 在地面上修建道路，路面高程为60m，填方坡度为1∶1.5，挖方坡度为1∶1，试用剖面法绘制道路的标高投影图（比例为1∶500）。

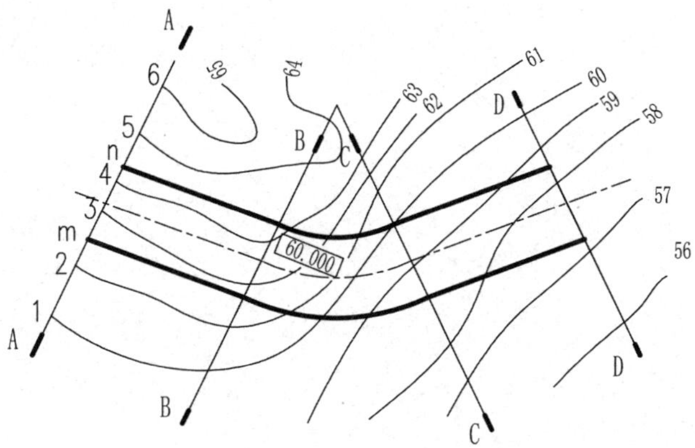

A-A

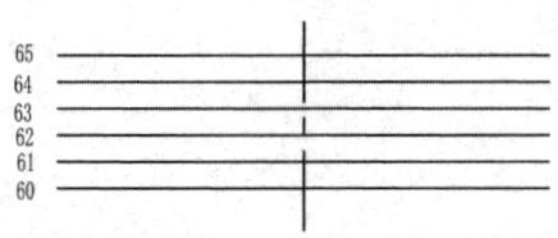

B-B

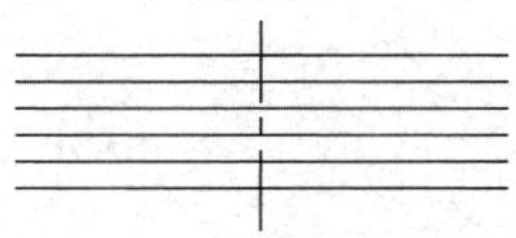

C-C

D-D

2. 在地面上修一斜道，其填、挖方边坡如标准剖面图所示，试用剖面法绘制道路的标高投影图（比例为1∶500）。

道路标准剖面

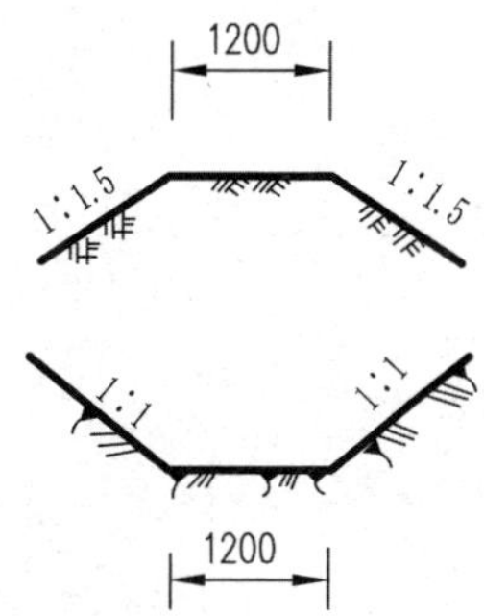

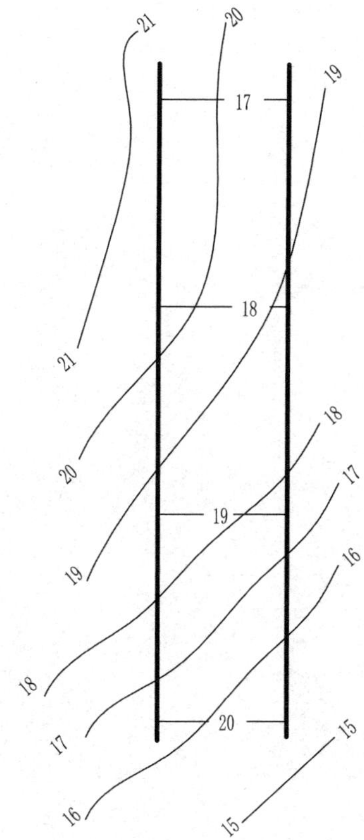

7-1　绘制水工建筑物常见曲面　　　　班级　　　　学号　　　　姓名

1. 画出斜椭圆柱的侧面投影，绘制各图素线，并求出A、B、C三点的其他投影。

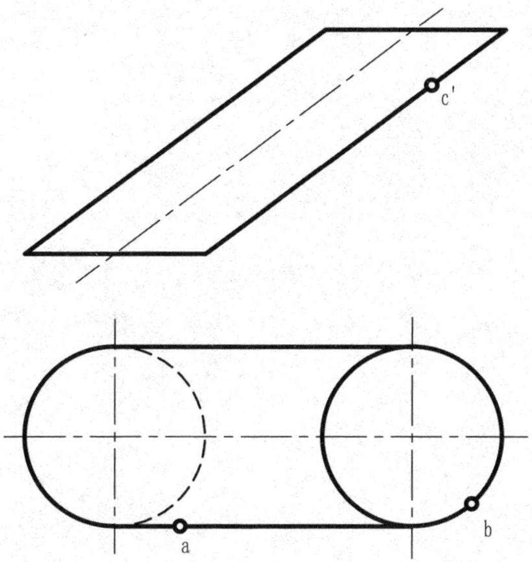

2. 绘制斜椭圆锥的侧面投影图，并绘制各图素线。

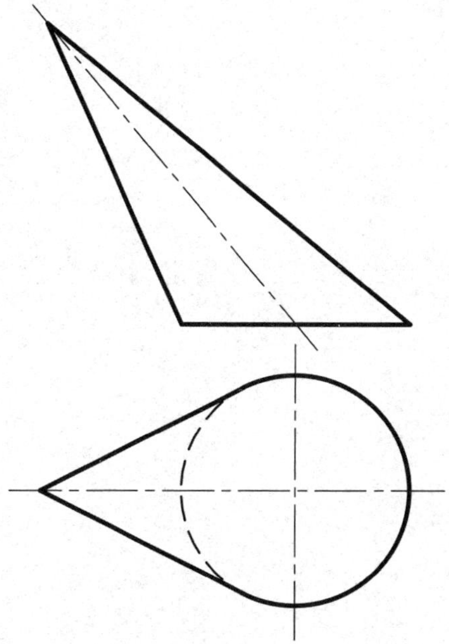

3.绘制方圆渐变面1-1的断面图。

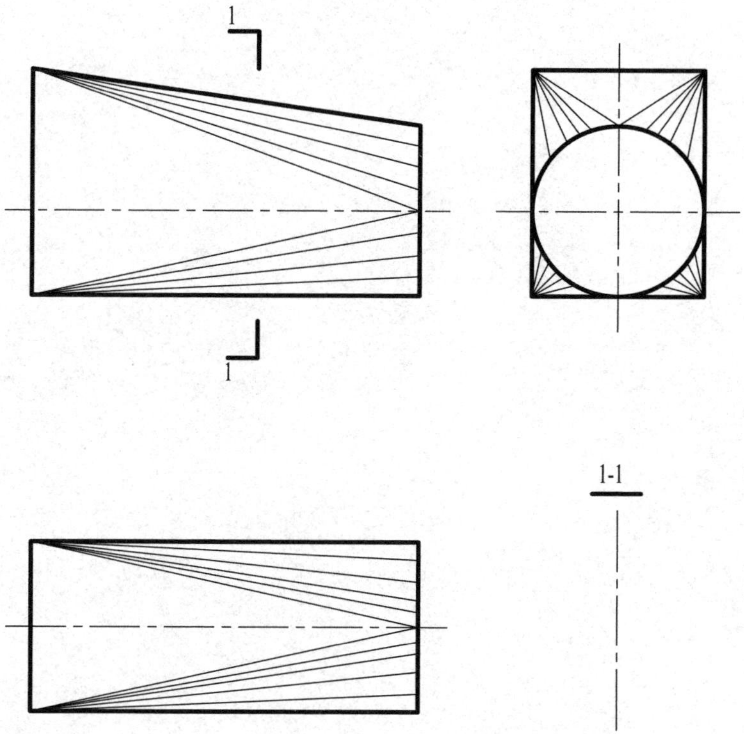

4.绘制扭面1-1的断面图。

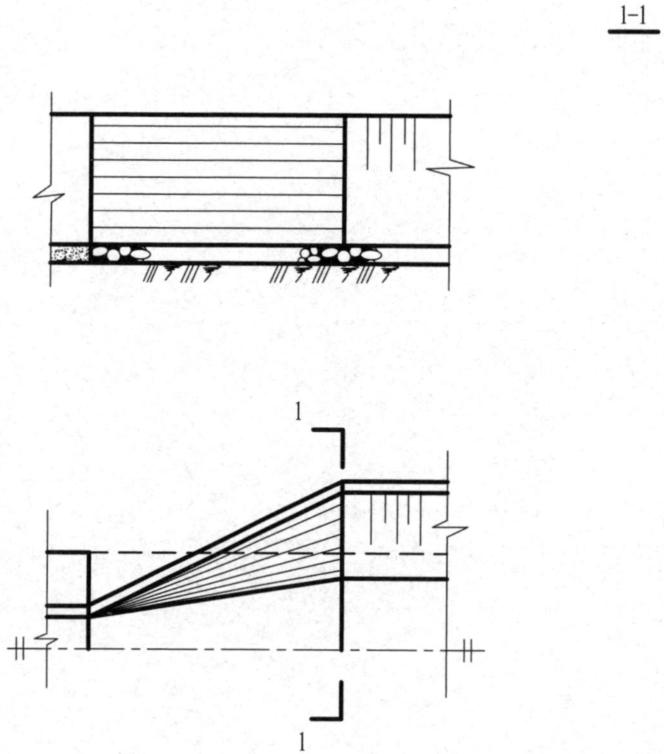

7-2 绘制扭曲过渡段

班级　　　　学号　　　　姓名

要求：1.根据轴测图绘制其主（单一全剖视）、俯、左三视图（材料为浆砌石，比例为1：10）。

2.标注尺寸。

3.绘制其正等测图。

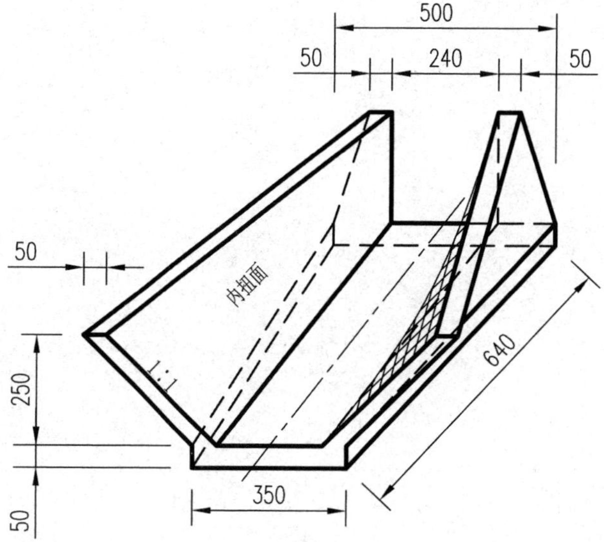

8-1　创建水利工程图样板文件　　　班级　　　学号　　　姓名

1.查阅《水利水电工程制图标准　基础制图》（SL 73.1—2013）,绘制A3幅面,按以下要求设置图层、线型、文字样式、标注样式，绘制图框和标题栏,保存为样板文件。

(1)图层。

图层名	颜色	线型	线宽（mm）	用途
加粗线	黄色	实线（continuous）	1.0	图框
粗实线	红色	实线（continuous）	0.7	标题栏外框、外轮廓线、钢筋、分缝线等
中实线	紫色202	实线（continuous）	0.35	次要轮廓、表格外框、等高线中计曲线等
细实线	白色	实线（continuous）	0.18	次要轮廓、素线、断面线、标题栏分隔线等
文字尺寸	绿色	实线（continuous）	0.18	文字、尺寸标注
虚线	青色	虚线（ACAD_ISO02W100）	0.35	不可见轮廓线
点画线	洋红	点画线(ACAD_ISO04W100)	0.18	轴线、对称线
剖面线	蓝色	实线（continuous）	0.18	填充剖面图案

(2)A3装订式图幅、图框(单位：mm)。

(3)A2-A4幅面标题栏(单位：mm)。

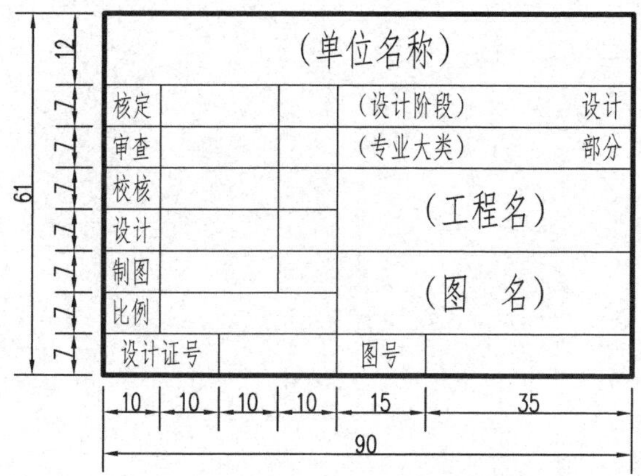

2.查阅《水利水电工程制图标准　基础制图》（SL 73.1—2013），绘制A1幅面，按以下要求设置图层、线型、文字样式、标注样式，绘制图框和标题栏，保存为样板文件。

(1)图层。

图层名	颜色	线型	线宽（mm）	用途
加粗线	黄色	实线（continuous）	1.4	图框
粗实线	红色	实线（continuous）	1.0	标题栏外框、外轮廓线、钢筋、分缝线等
中实线	紫色202	实线（continuous）	0.5	次要轮廓、表格外框、等高线中计曲线等
细实线	白色	实线（continuous）	0.25	次要轮廓、素线、断面线、标题栏分隔线等
文字	绿色	实线（continuous）	0.18	文字
尺寸	绿色	实线（continuous）	0.25	尺寸标注
虚线	青色	虚线（ACAD_ISO02W100）	0.5	不可见轮廓线
点画线	洋红	点画线(ACAD_ISO04W100)	0.25	轴线、对称线
剖面线	蓝色	实线（continuous）	0.25	填充剖面图案

(2)A1横向装订式图幅、图框(单位：mm)。

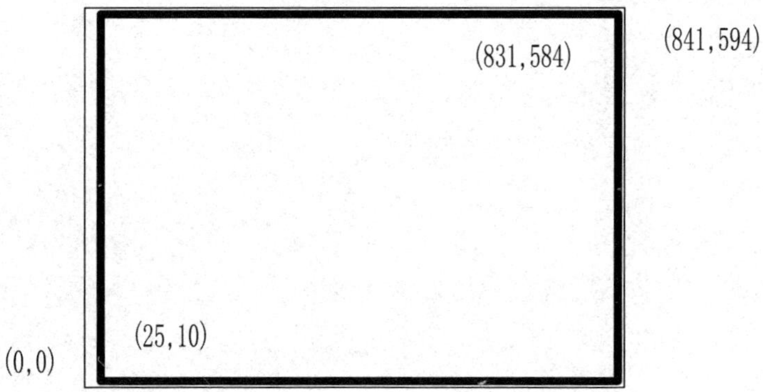

(3)A0、A1幅面标题栏(单位：mm)。

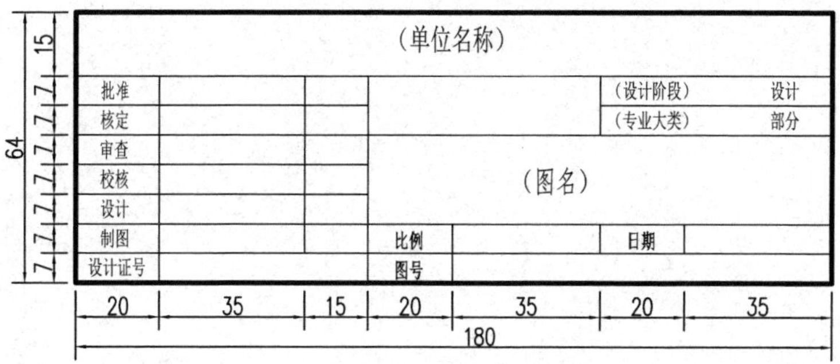

8-2 绘制平面图形

班级　　　　学号　　　　姓名

1.

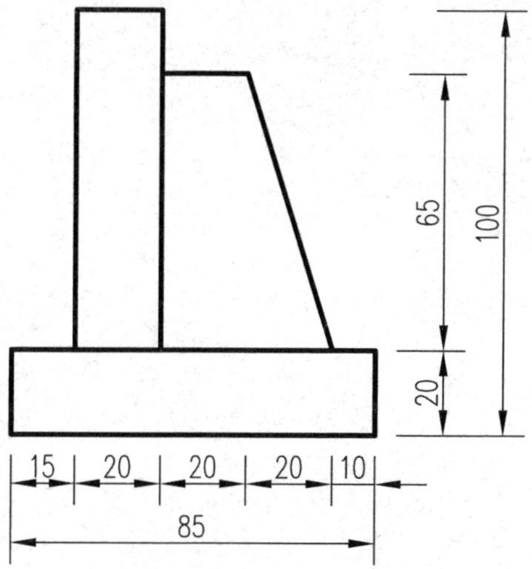

2.

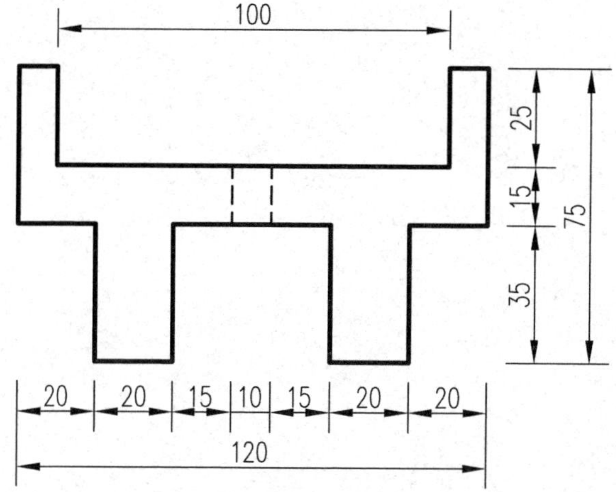

3.

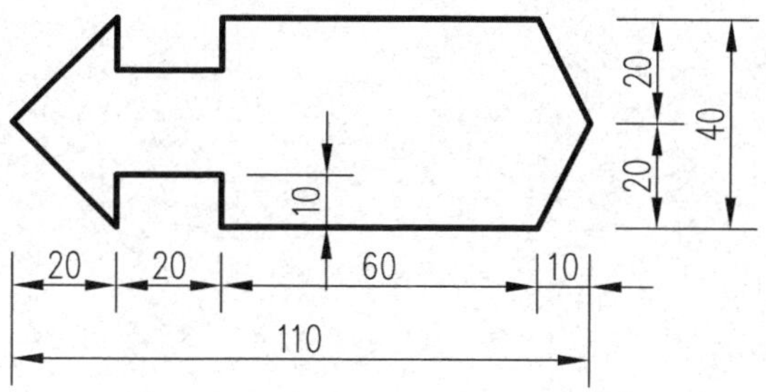

4.

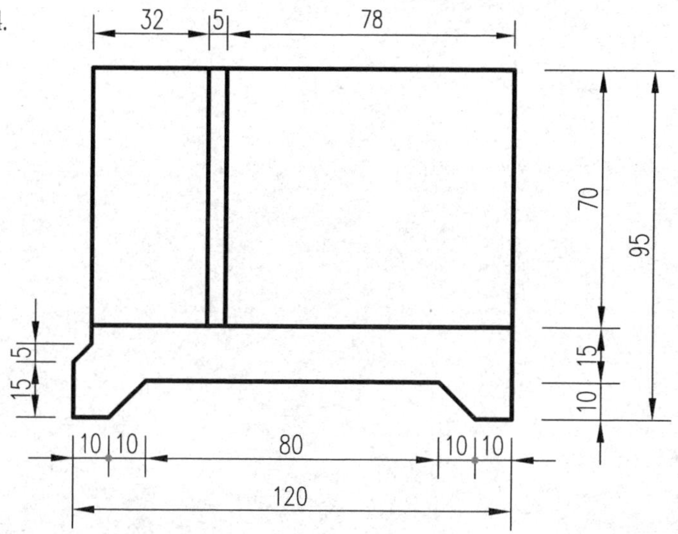

班级　　学号　　姓名

5.

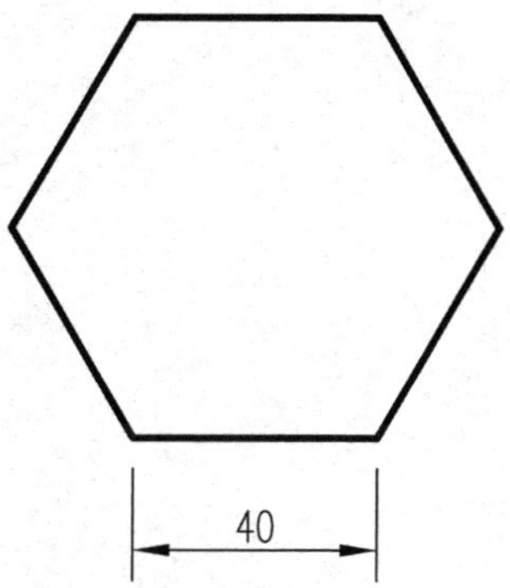
40

6.

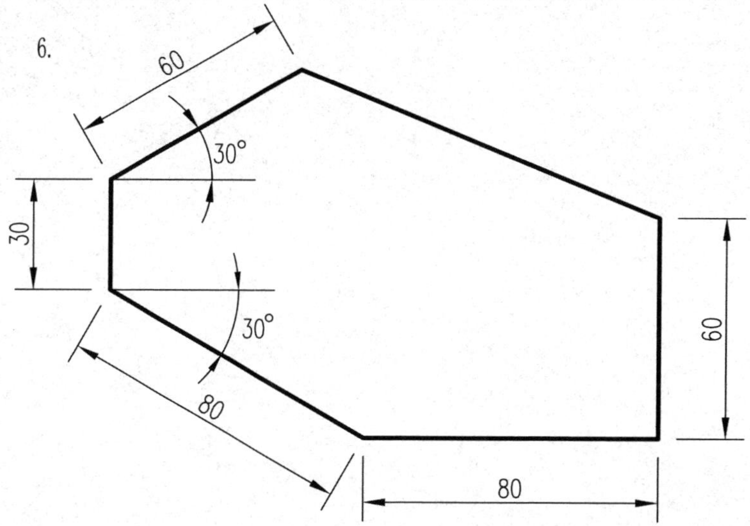
60
30°
30
30°
80
60
80

7.

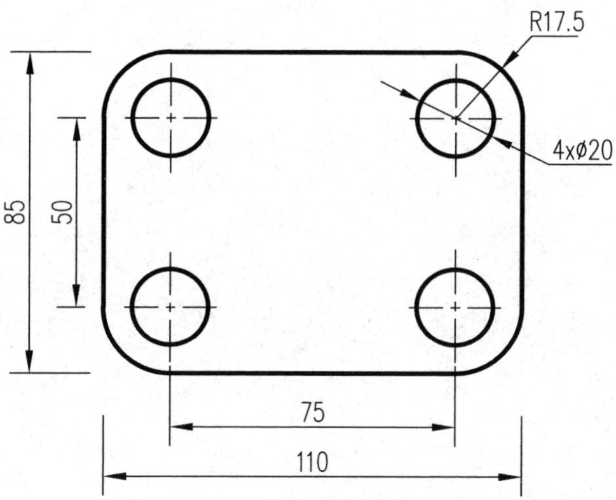
R17.5
4xø20
85
50
75
110

8.

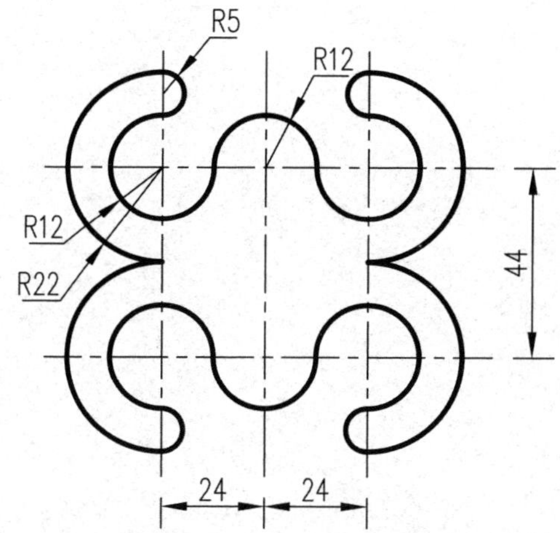
R5
R12
R12
R22
44
24
24

8-2　绘制平面图形　　　　班级　　　　学号　　　　姓名

9.

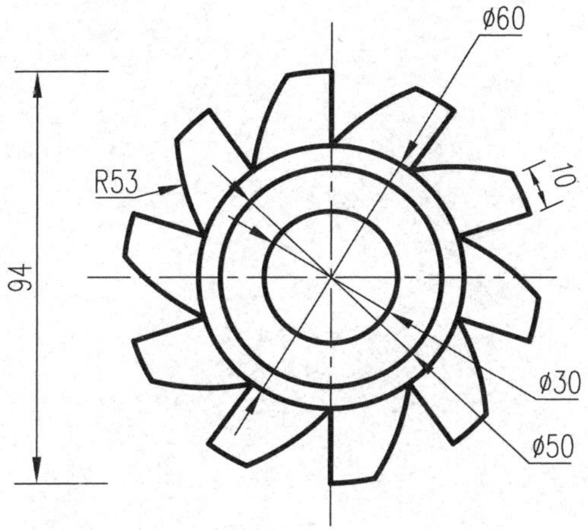

10.

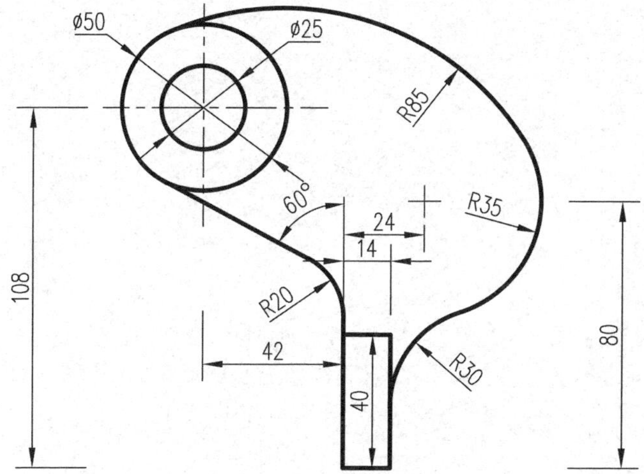

11.

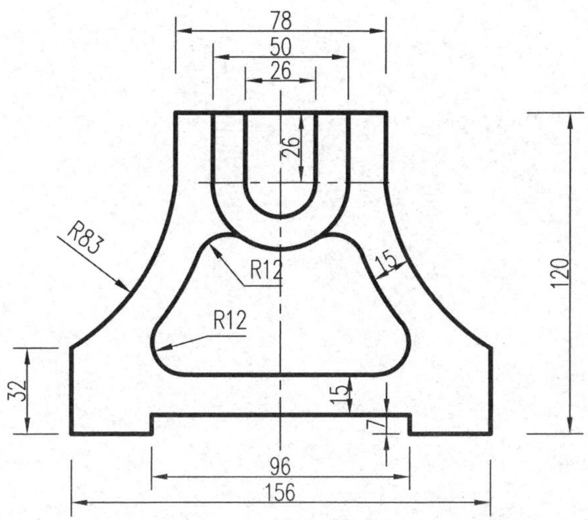

12.

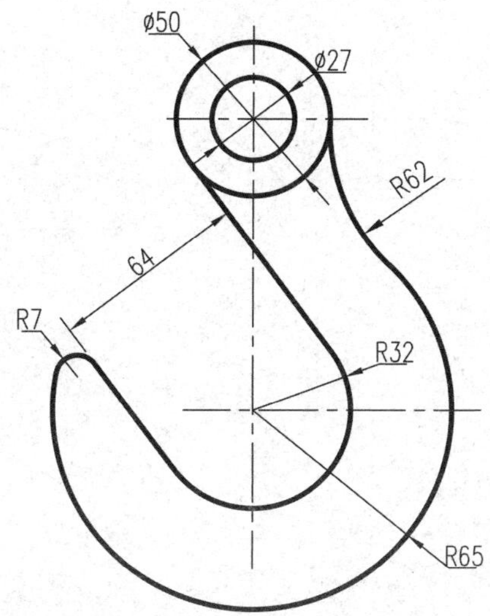

班级　　学号　　姓名

13.

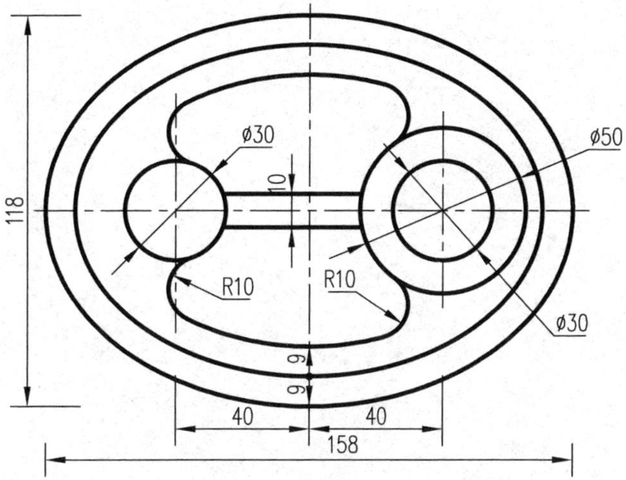

14.

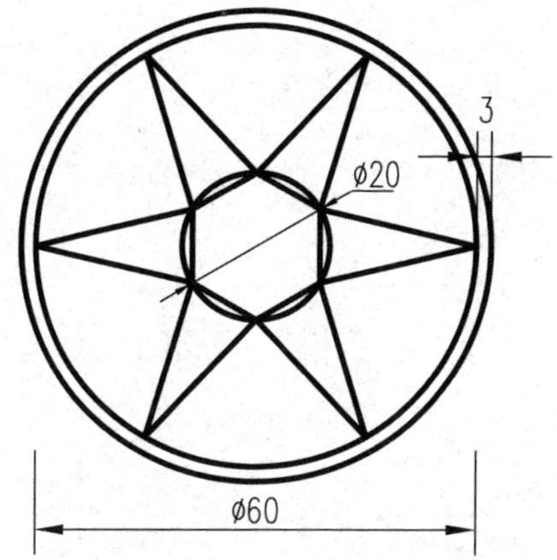

15.

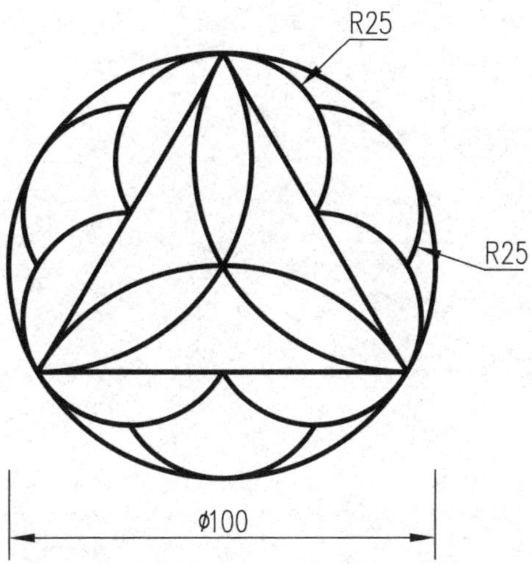

16.

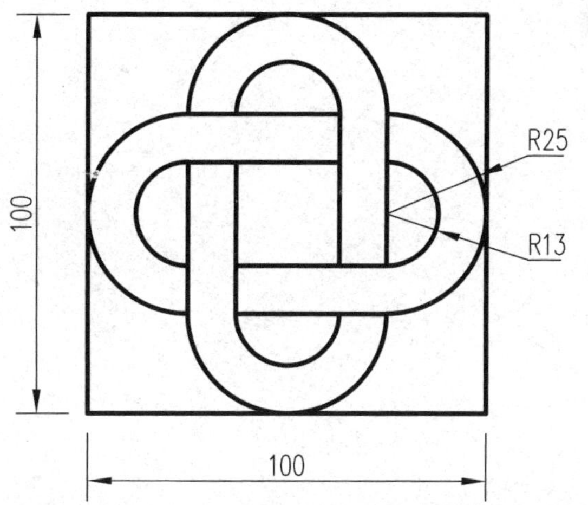

班级　　　　学号　　　　姓名

17.

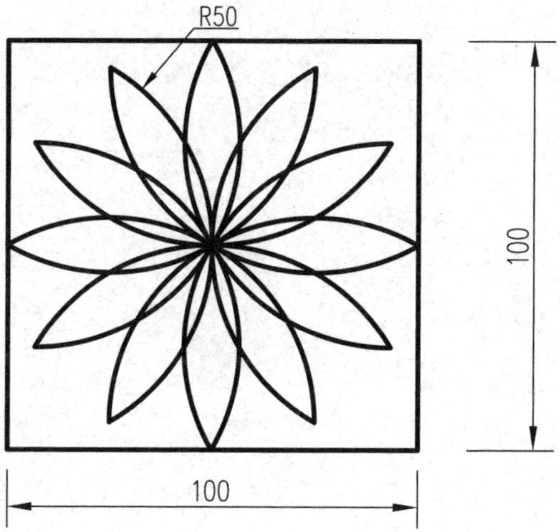

18.

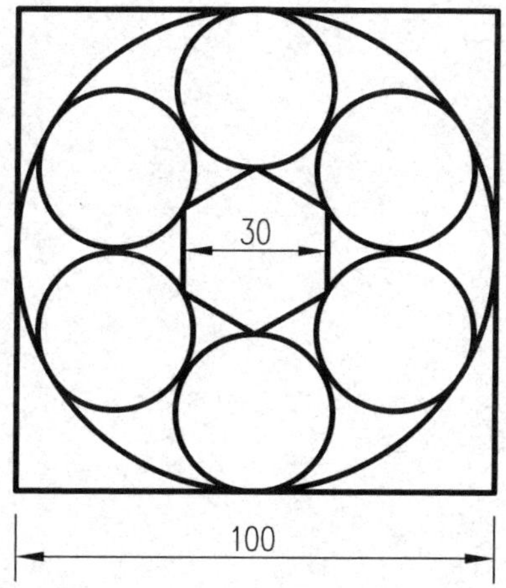

19.

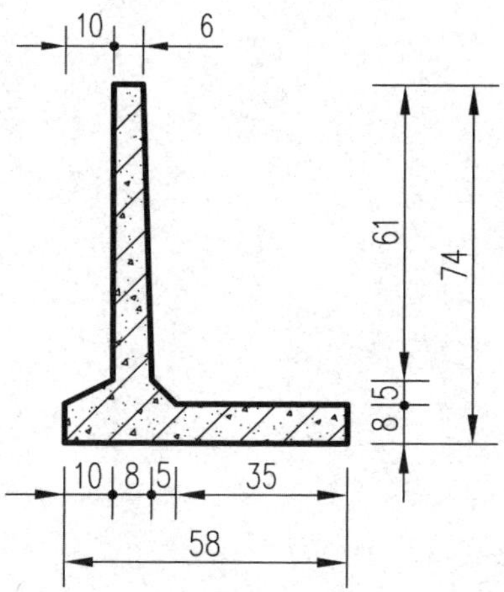

20. 使用多段线、偏移等命令完成图样。

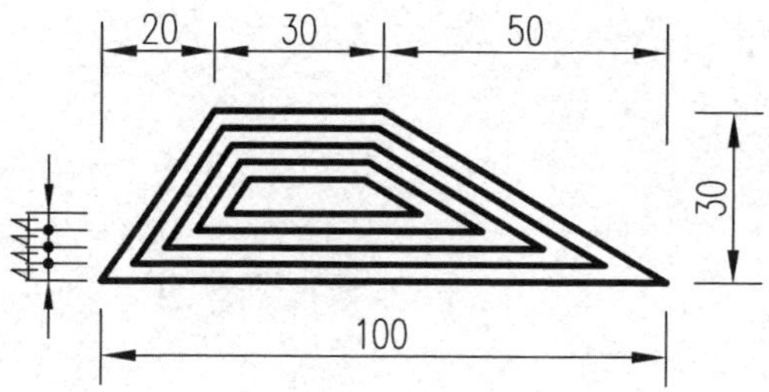

21.

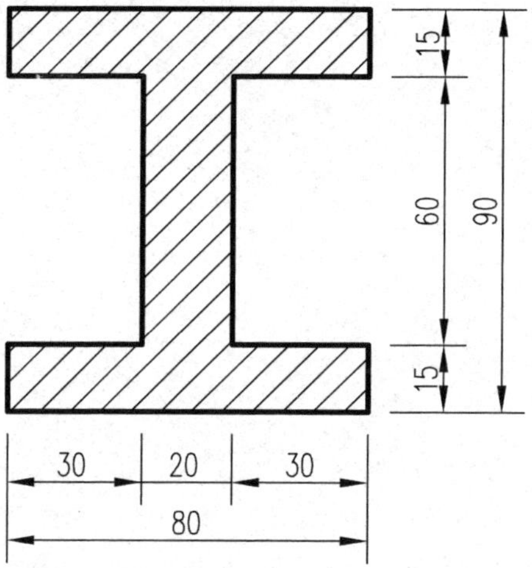

22. 使用拉伸命令让图21变成本图样。

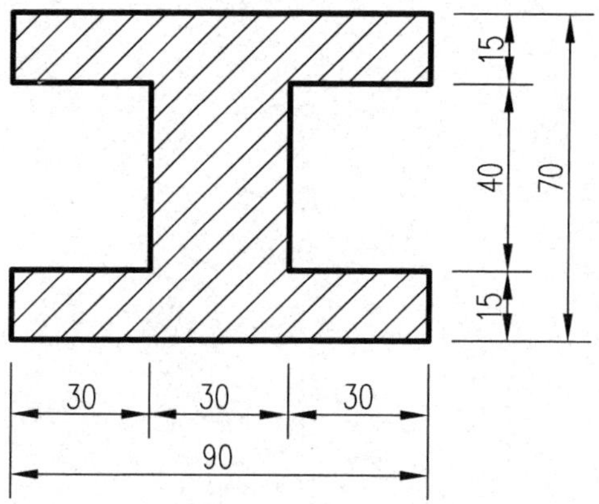

23. 使用夹点编辑、定数等分等命令完成图样。

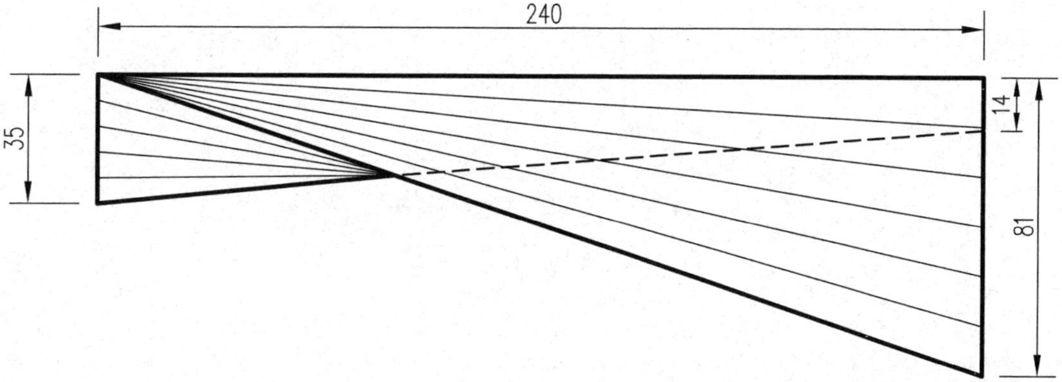

9-1　识读与绘制水闸图样　　　　　　　　　　　　　　　班级　　　　　　学号　　　　　　姓名

1.

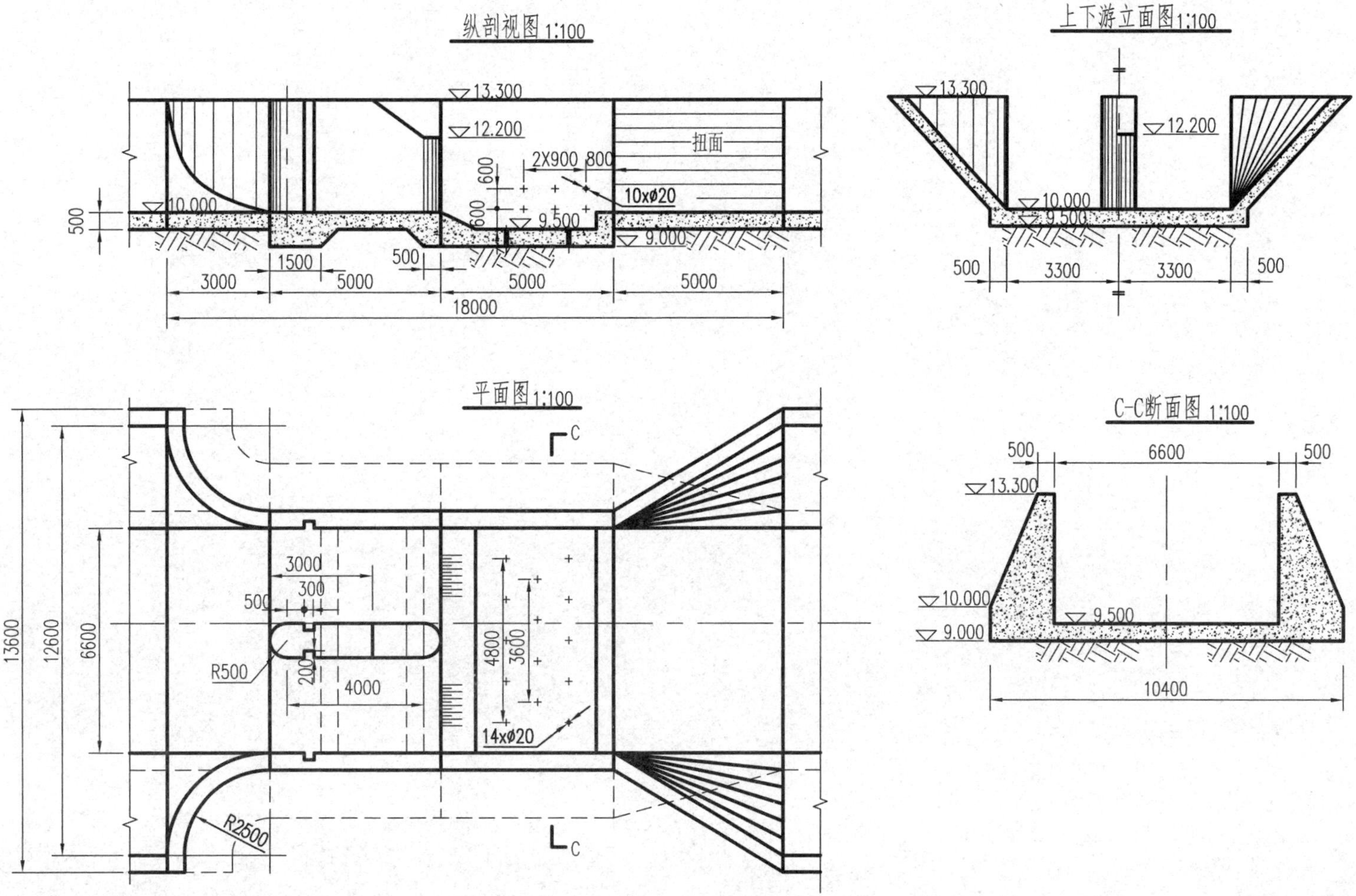

2.

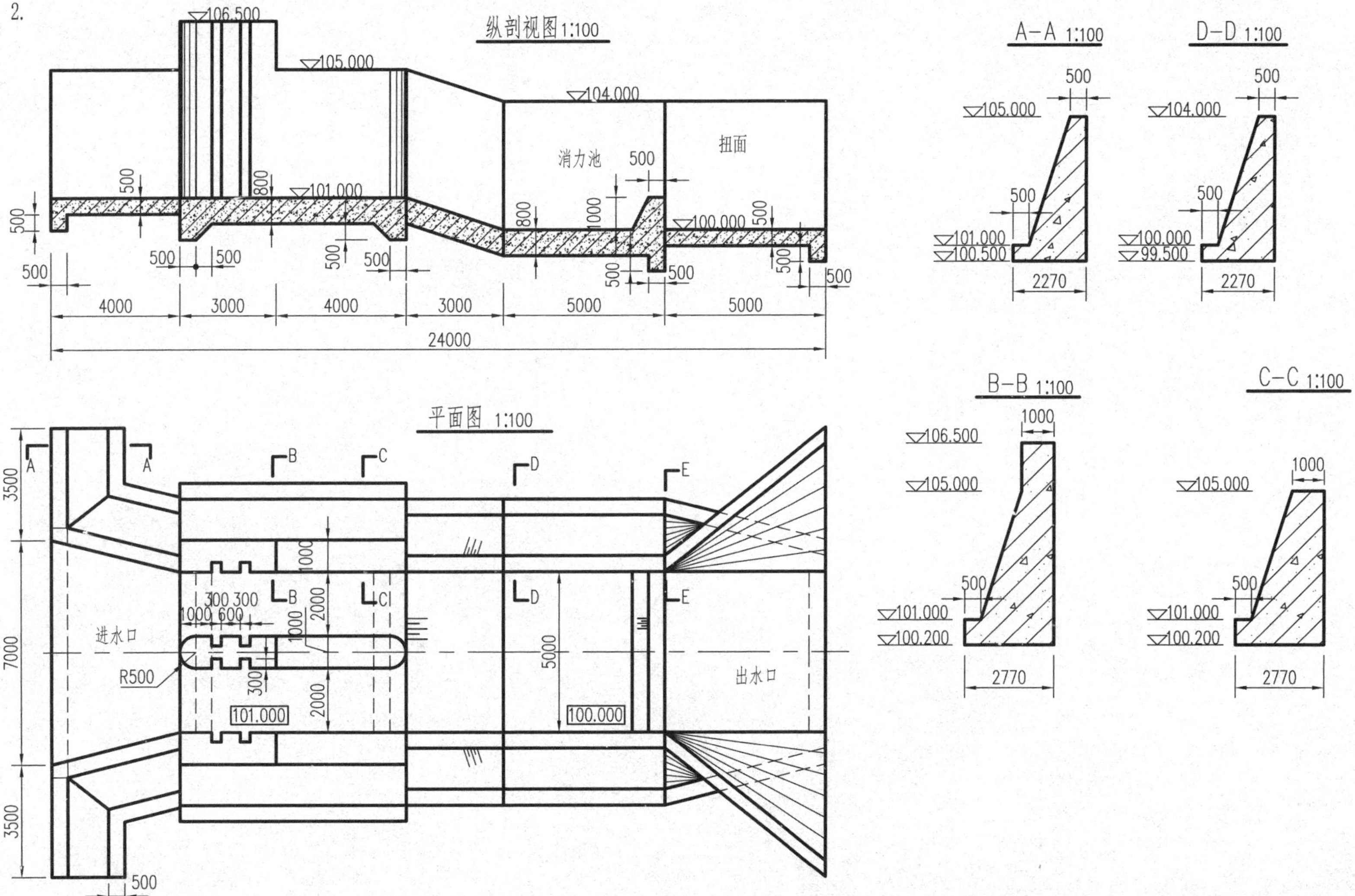
纵剖视图 1:100
106.500
105.000
104.000
101.000
100.000
消力池
扭面
500
800
1000
4000
3000
4000
3000
5000
5000
24000
平面图 1:100
进水口
出水口
R500
300 300
1000 600
1000
2000
2000
300
101.000
100.000
5000
3500
7000
3500
500
A-A 1:100
D-D 1:100
B-B 1:100
C-C 1:100
99.500
100.500
100.200
2270
2770

1.

碾压混凝土重力坝溢流坝横剖面图 1:500

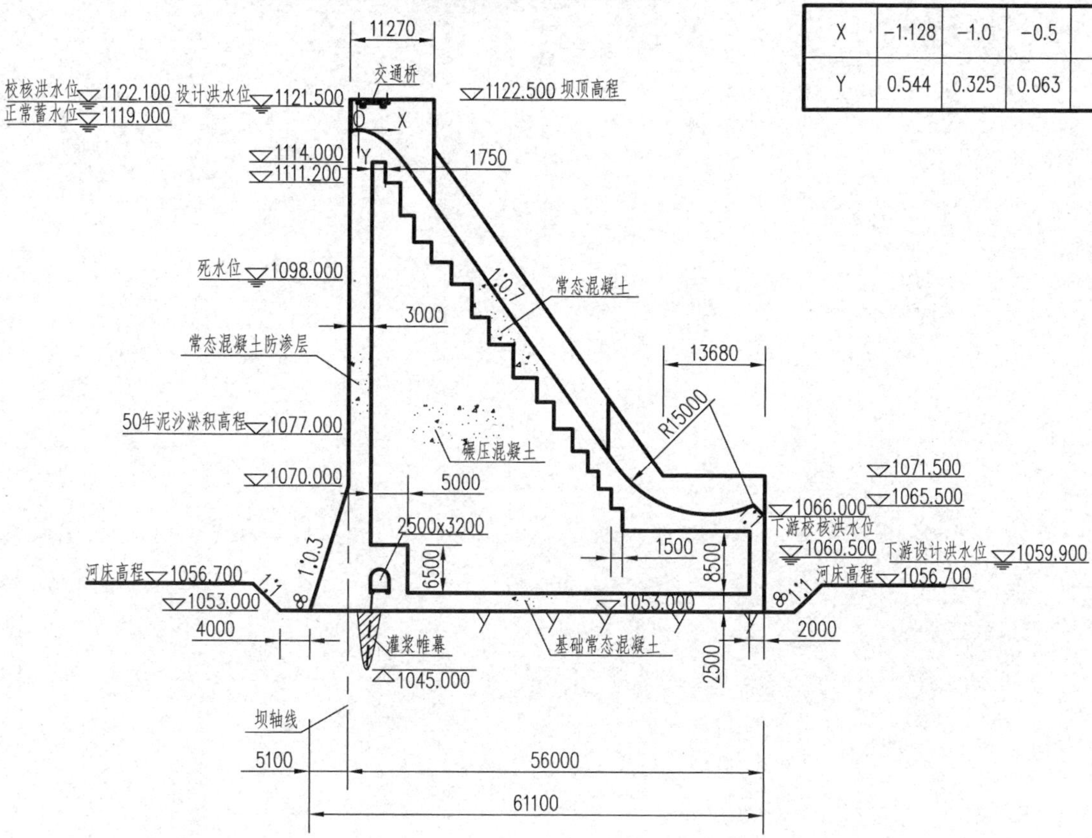

堰顶曲线坐标表

X	−1.128	−1.0	−0.5	0	1	2	3	4	5	6	6.67
Y	0.544	0.325	0.063	0	0.154	0.555	1.175	2.0	3.022	4.234	5.15

溢流面曲线大样图 1:200

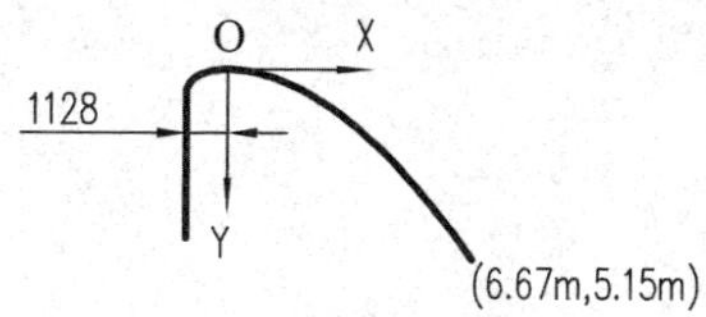

坝内廊道大样图 1:100

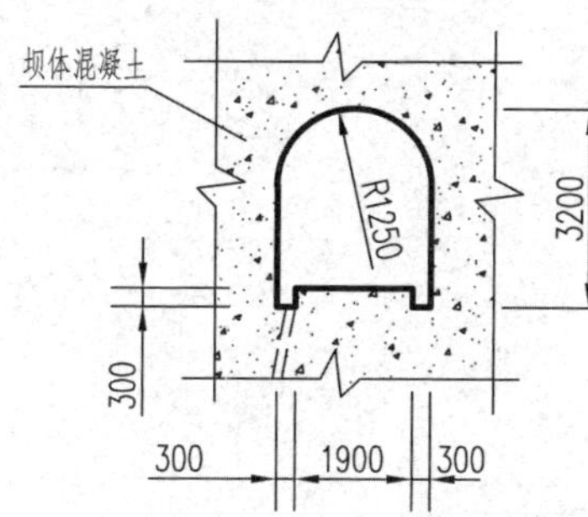

说明：图中高程单位为米，其余单位采用毫米。

2.

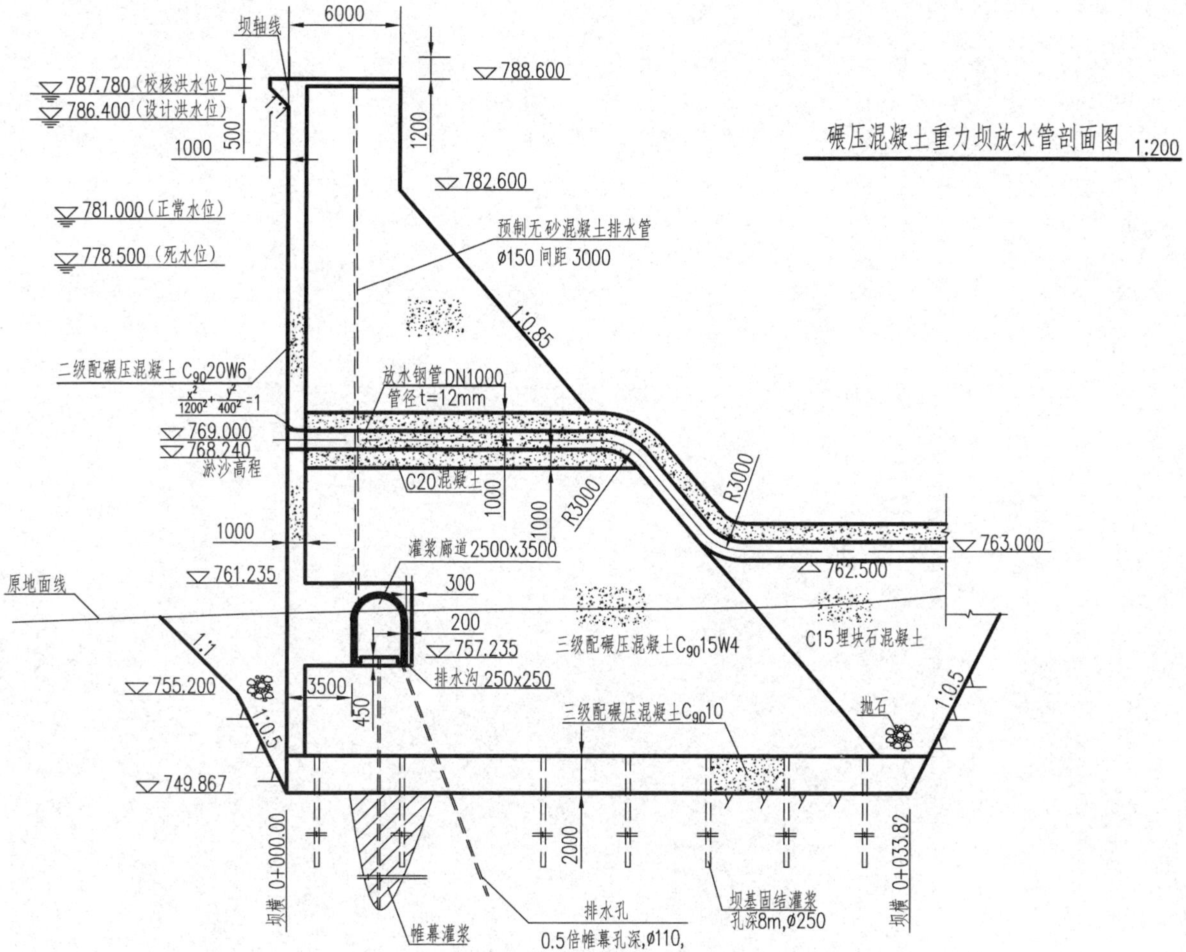

说明：图中高程单位为米，其余单位采用毫米。

1.

横剖面图 1:500

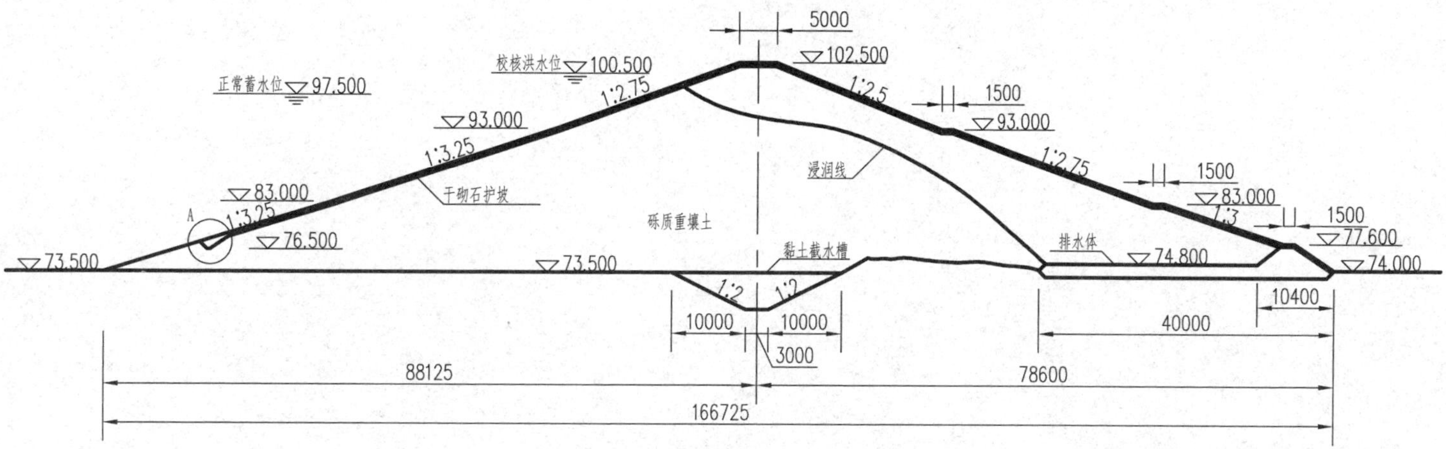

A详图 1:100

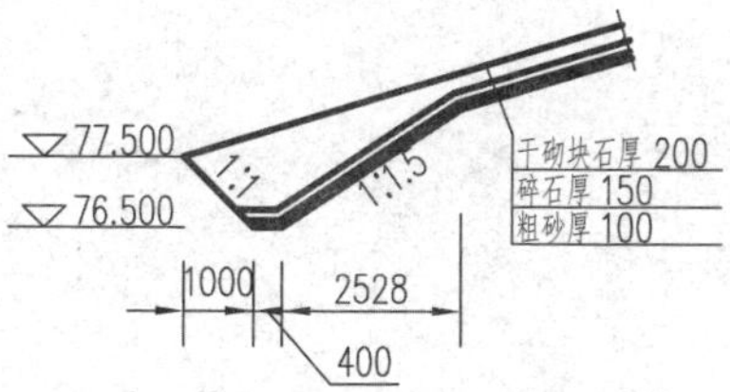

排水棱体详图 1:200

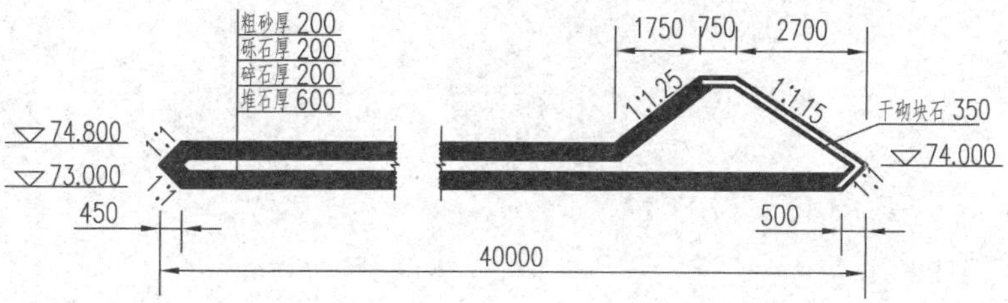

说明：图中高程单位为米，其余单位采用毫米。

2.

最大横断面 1:1000

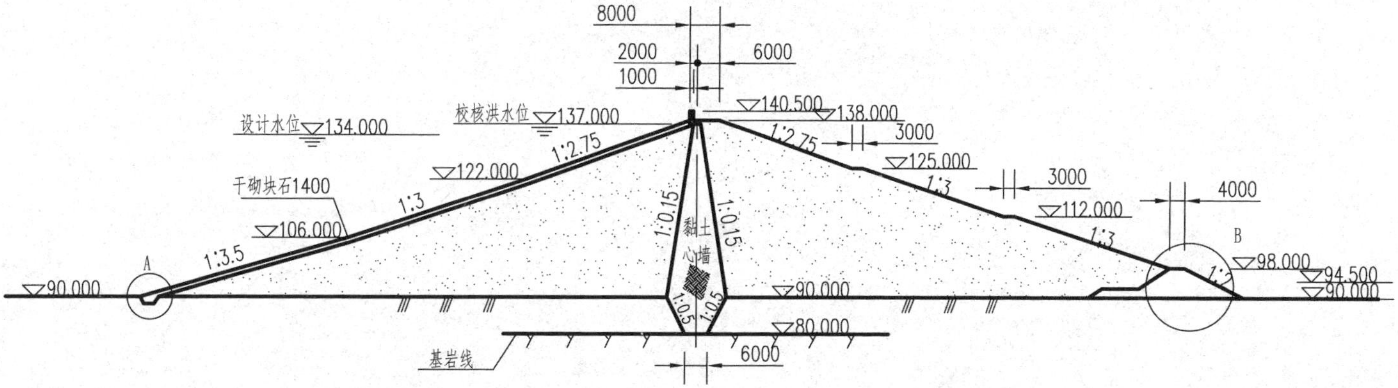

详图A 1:200

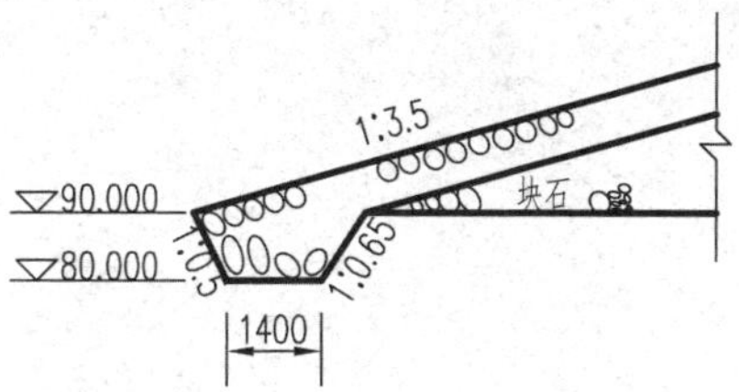

详图B 1:200

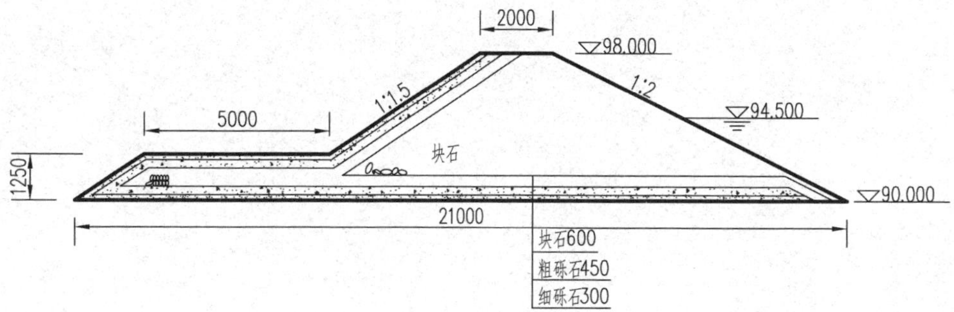

说明：图中高程单位为米，其余单位采用毫米。

1.

立面图 1:150

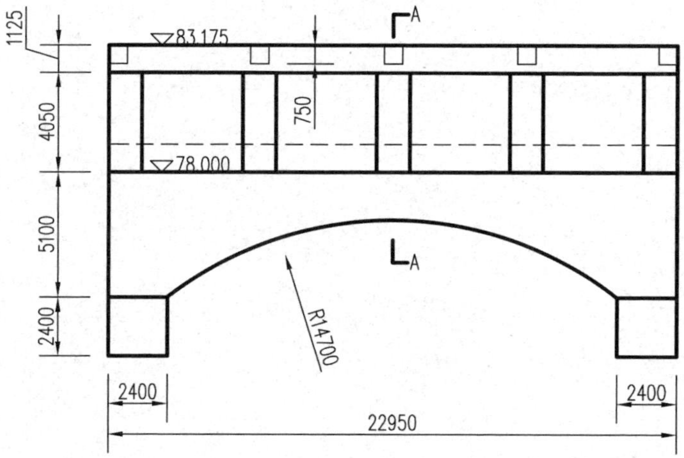

A-A半剖视图1:150

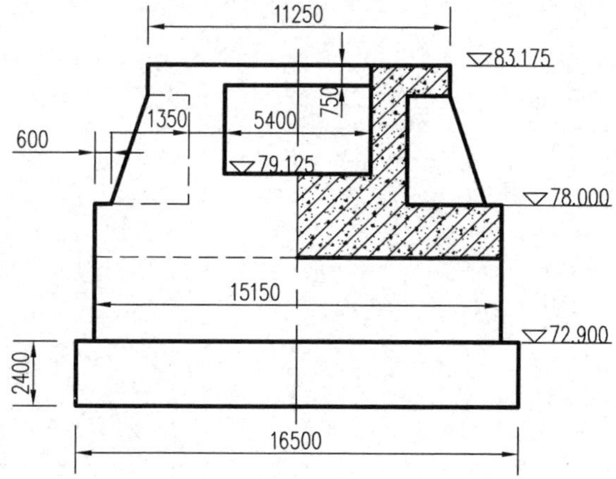

平面图 1:150

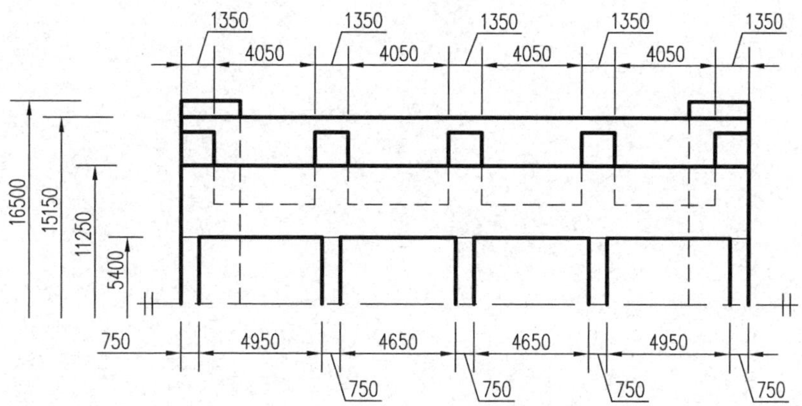

2.

A—A 1:50

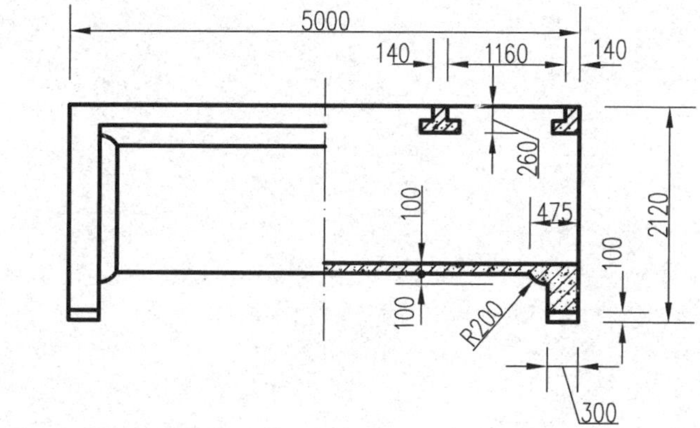

B—B 1:50

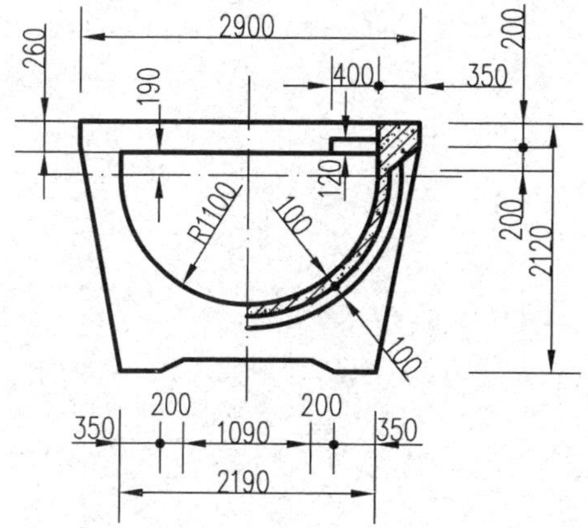

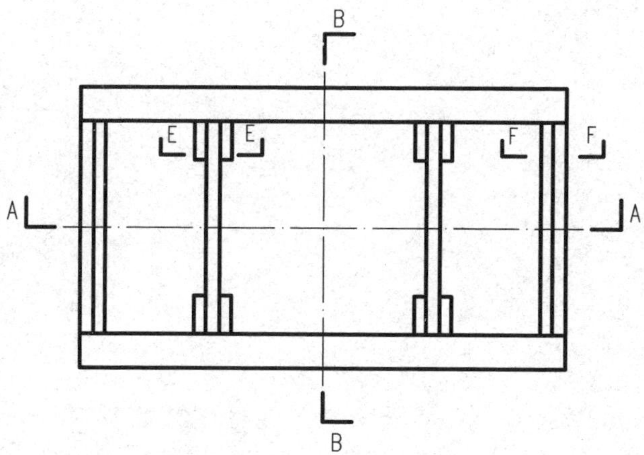

E—E 1:10

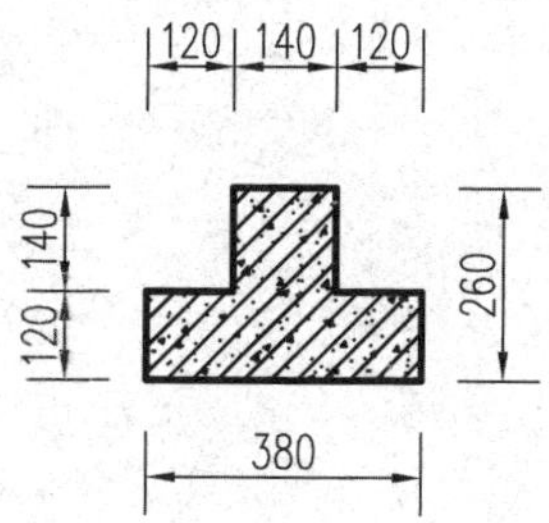

F—F 1:10

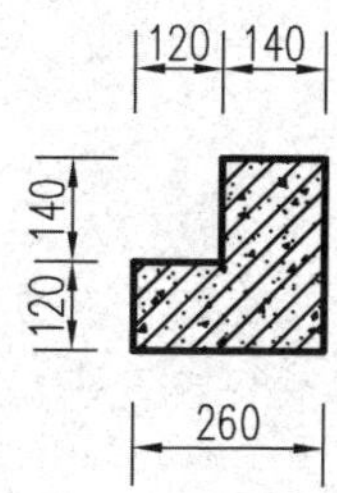

1.

立面图　1∶100

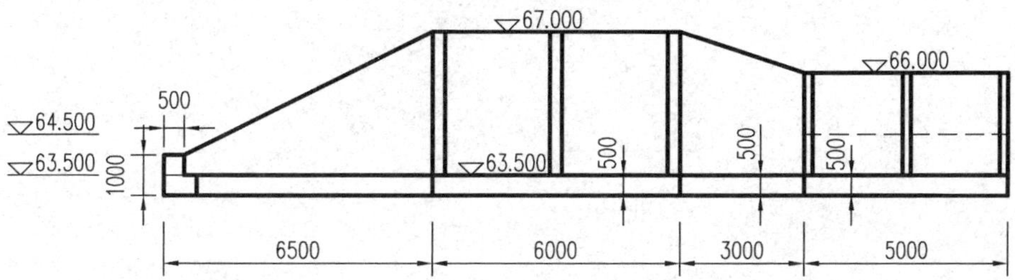

上游立面图　1∶100

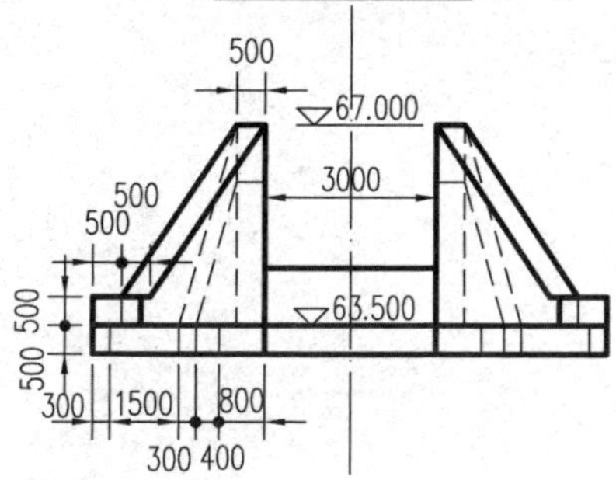

平面图　1∶100

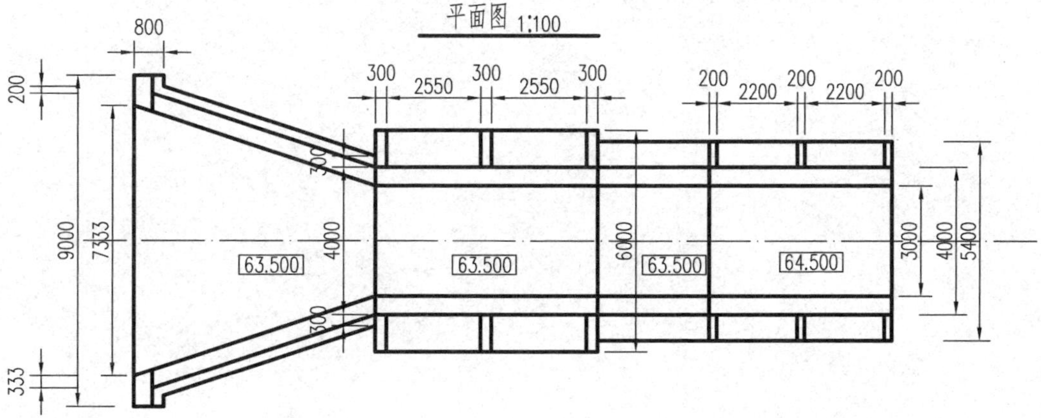

2.1

纵断面图 1:100

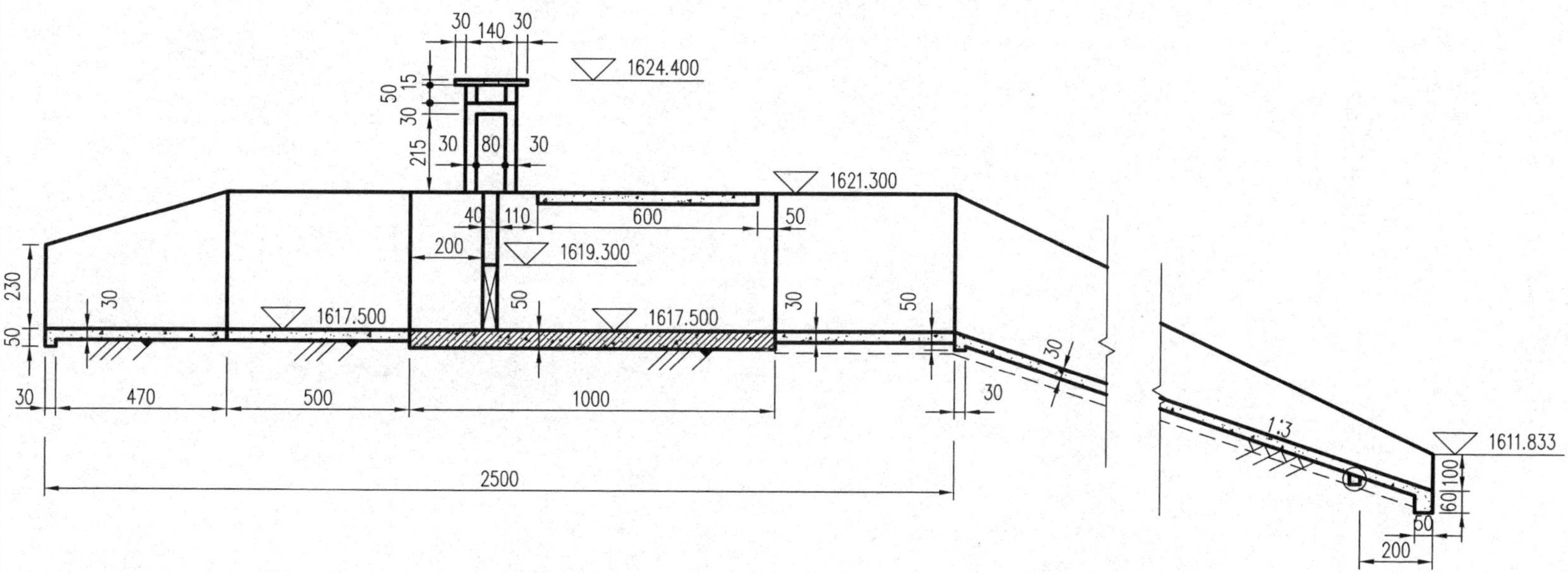

A-A 1:100

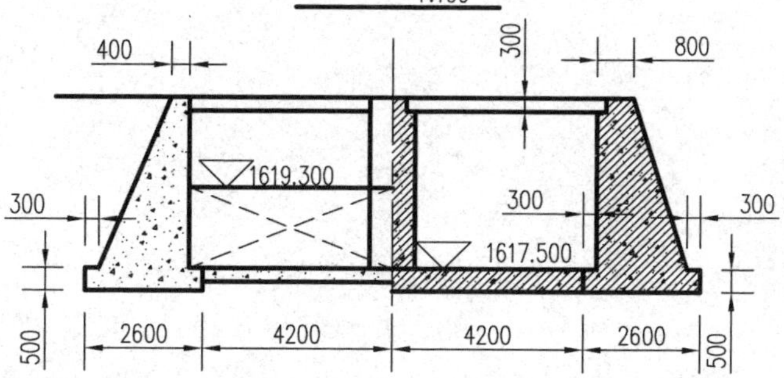

2.2

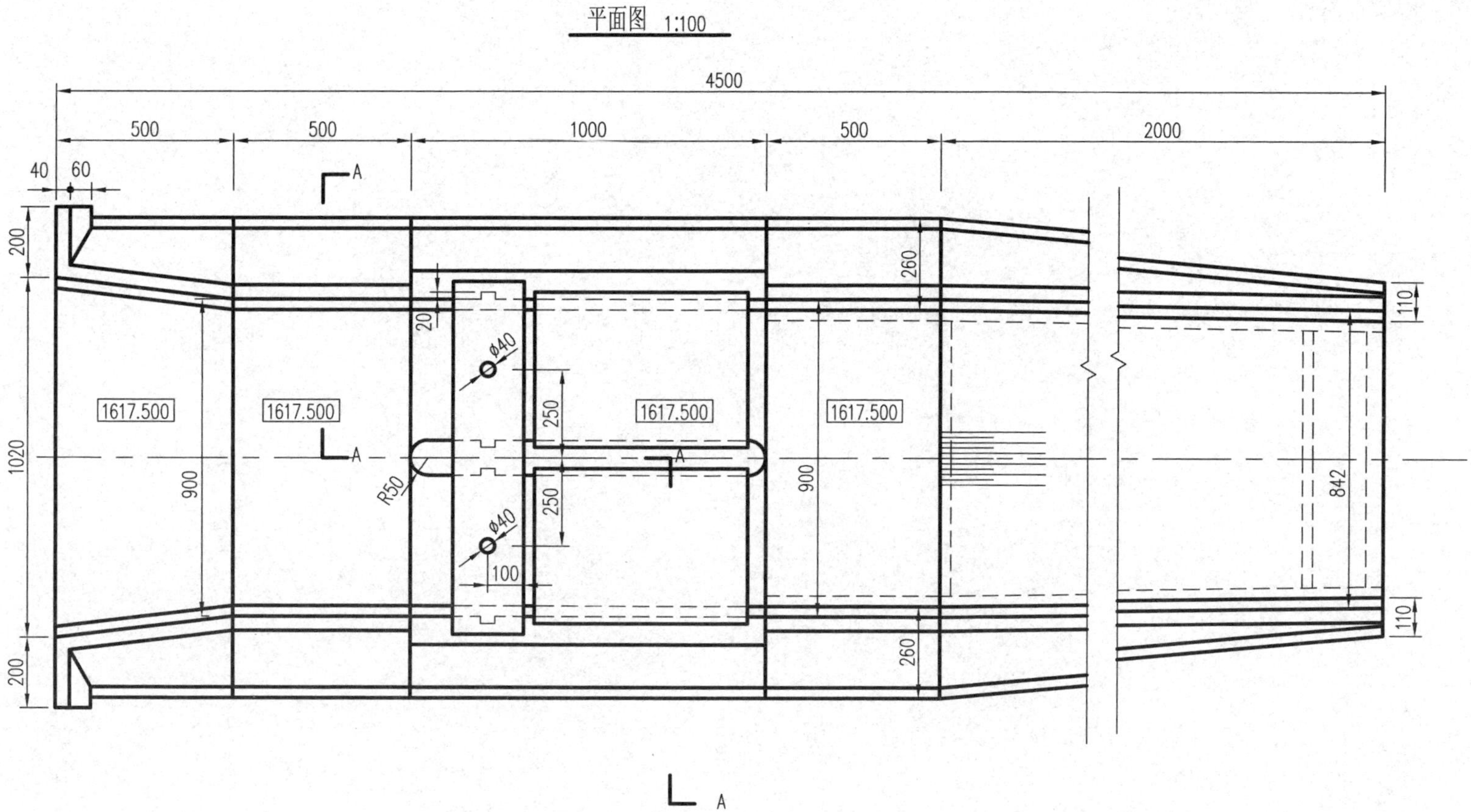
平面图 1:100
4500
500
500
1000
500
2000
40
60
200
1020
200
260
260
110
110
20
Ø40
Ø40
250
250
100
R50
900
900
842
1617.500
1617.500
1617.500
1617.500
A
A
A
A

1.

工作桥钢筋图 1:30

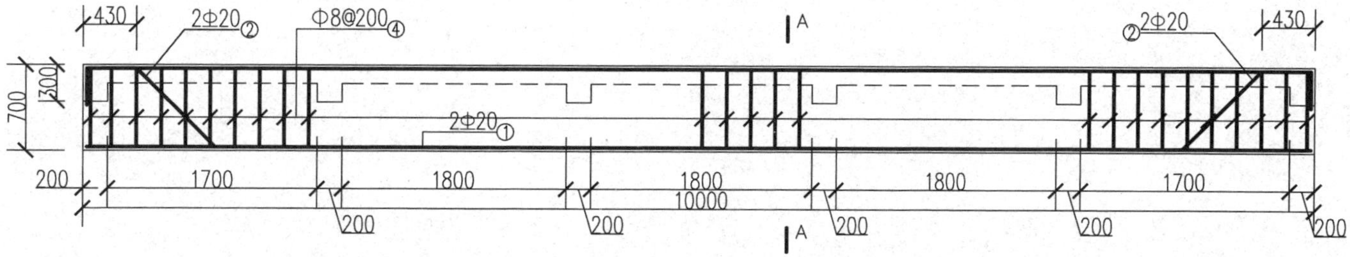

A—A 1:30

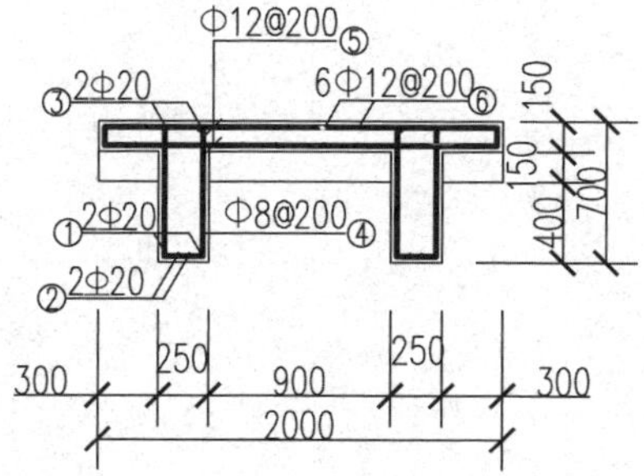

钢筋表

编号	型 式	直径/mm	根长/m	根数	总长度/m	单位重量/(kg/m)	总重量/kg
①	9940	20	9.94	4	39.8	2.468	98.23
②	400 7800 300	20	11.07	4	44.28	2.468	109.28
③	9940	20	9.94	4	39.8	2.468	98.23
④	90 1940	8	1.76	100	176.0	0.395	69.5
⑤	90 1940	12	4.06	100	406.0	0.888	360.5
⑥	9940	12	9.94	20	198.8	0.888	176.5

说明：

1. 本图尺寸以毫米计。
2. 钢筋保护层厚度30mm。

2.

边墩配筋图 1:50

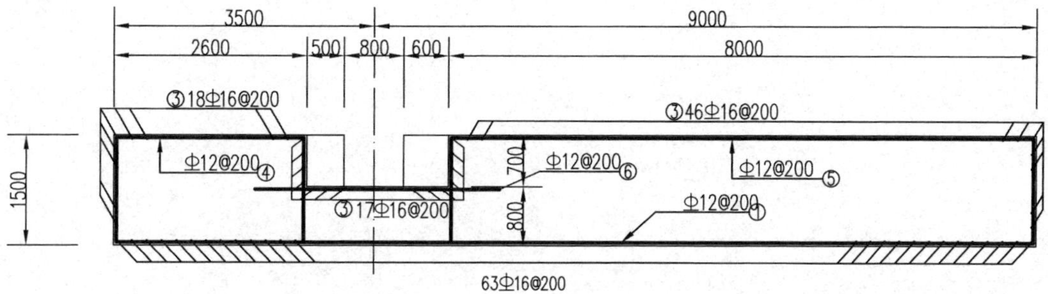

中墩配筋图 1:50

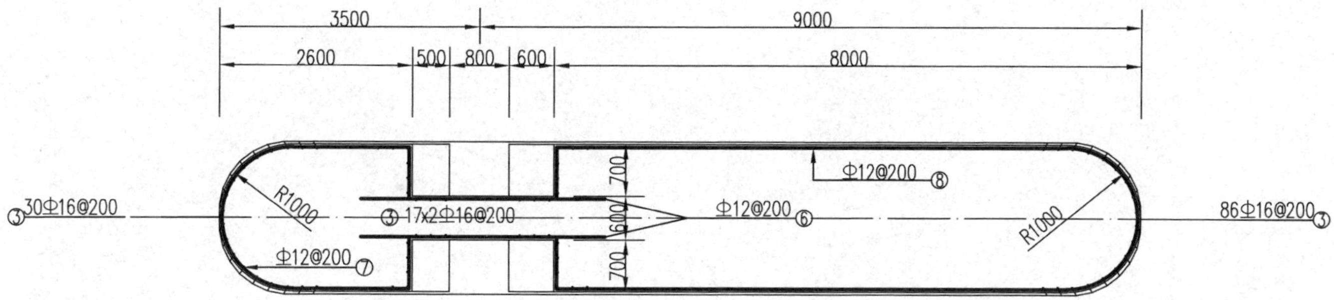

1.1

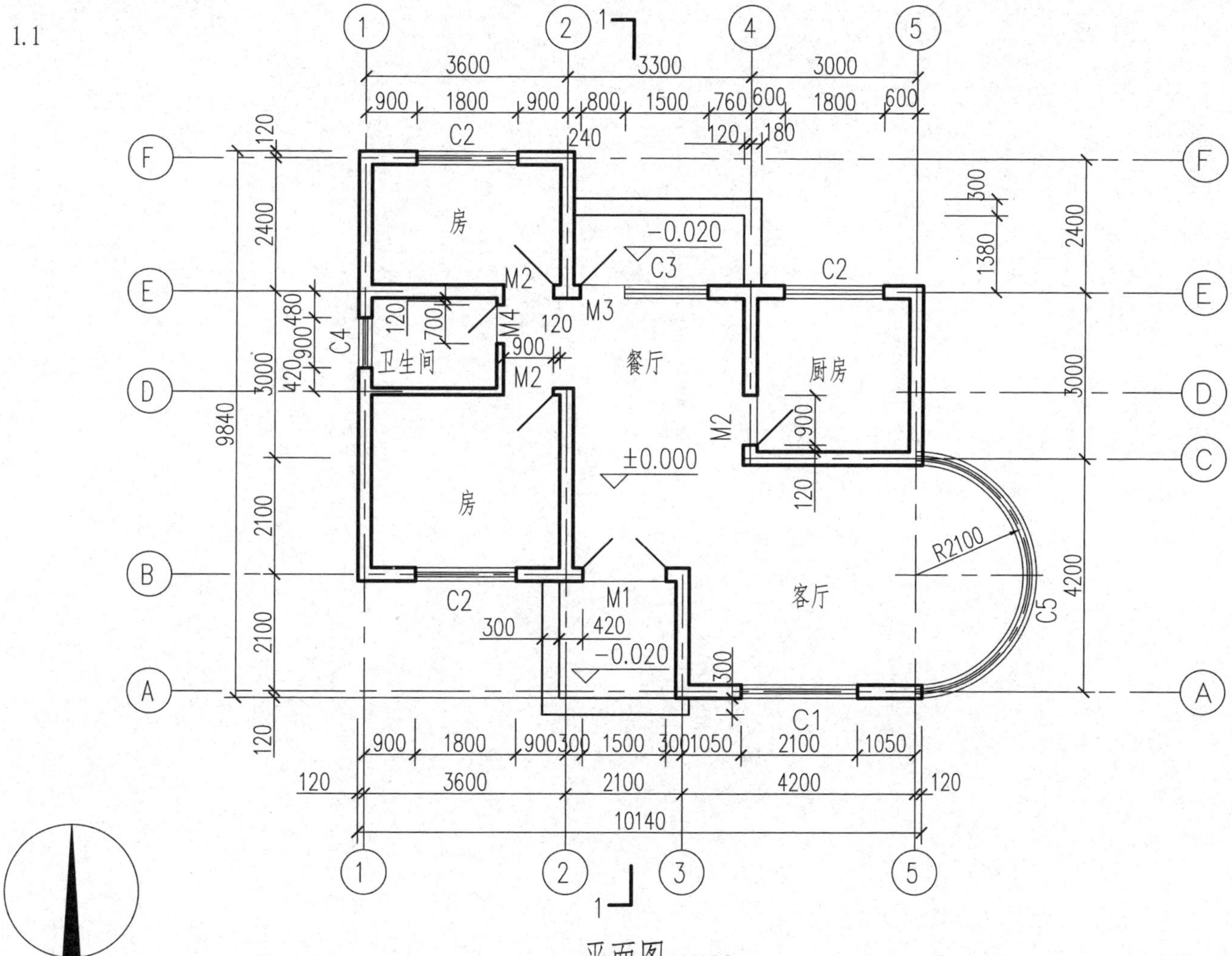
房
卫生间
餐厅
厨房
房
客厅
C1
C2
C3
C4
C5
M1
M2
M3
M4
R2100
-0.020
±0.000
10140
9840

平面图 1:100

1.2

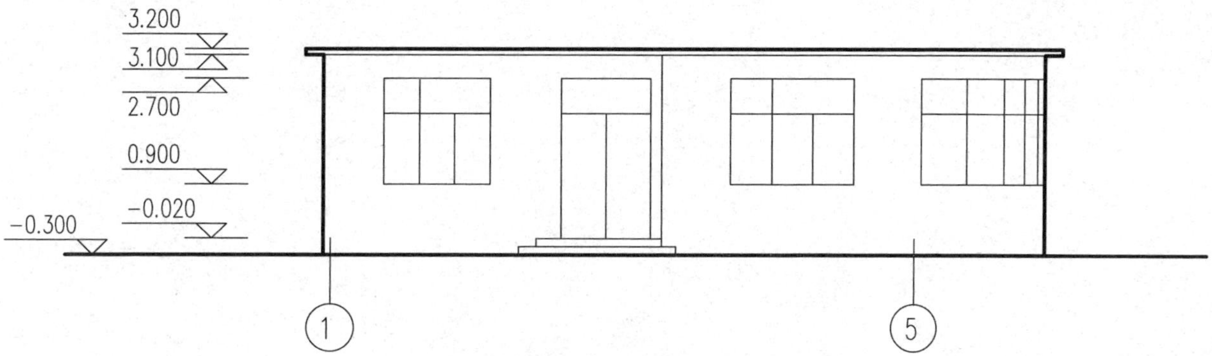

南立面图 1:100

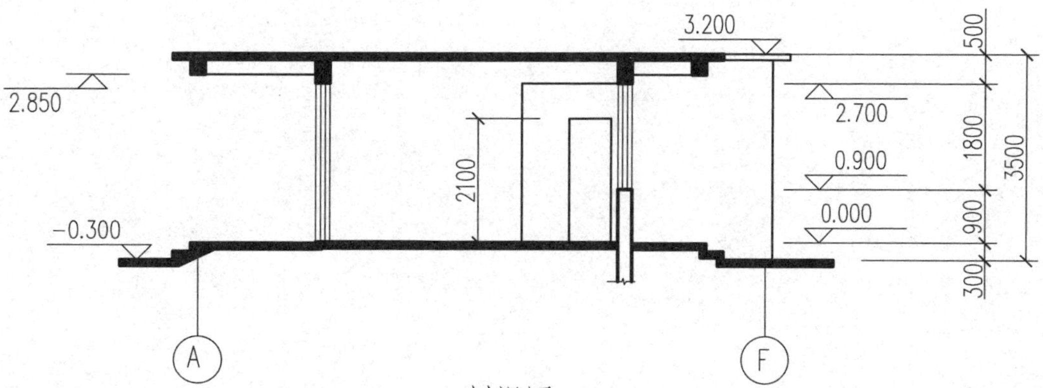

剖视图 1:100

2.

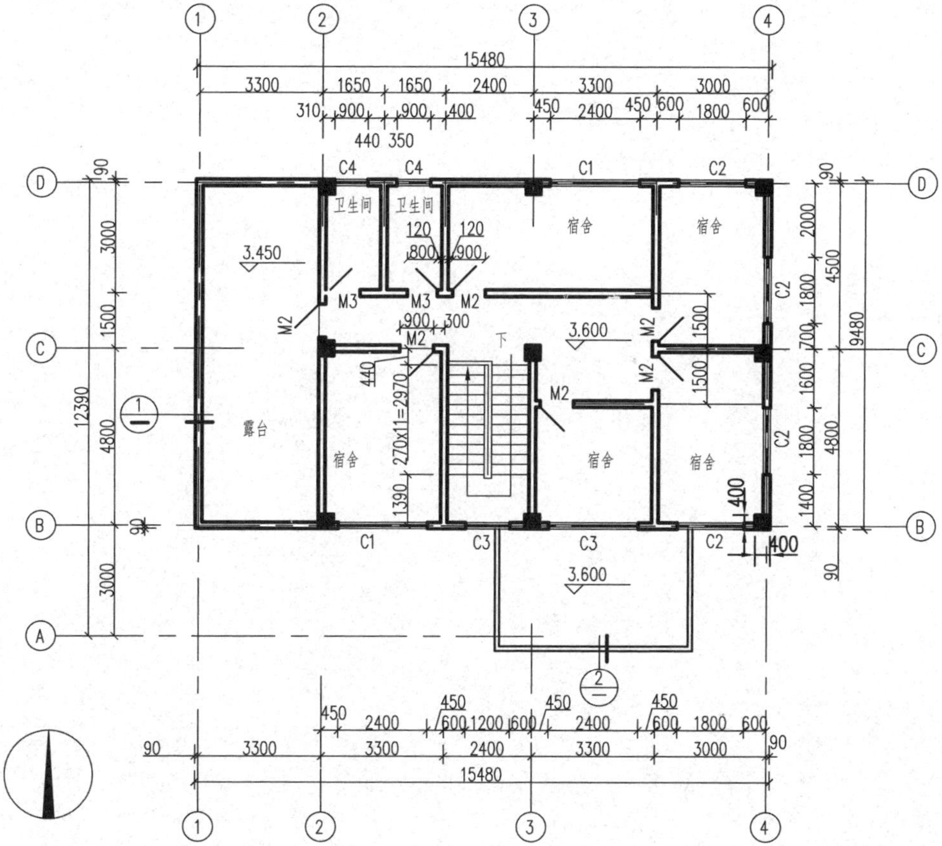

二层平面图 1:100

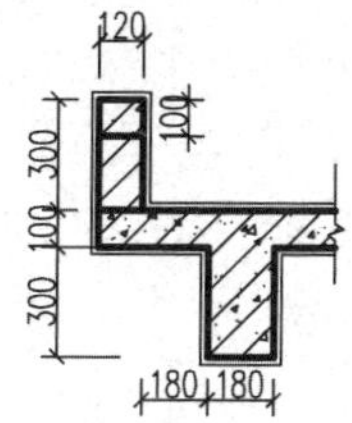

2 1:20

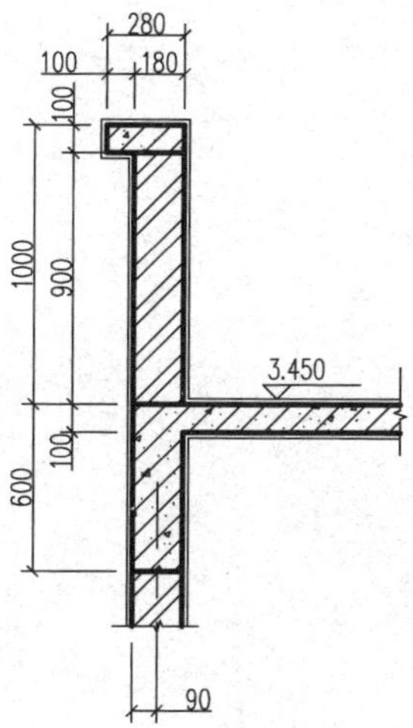

1 1:20

3.

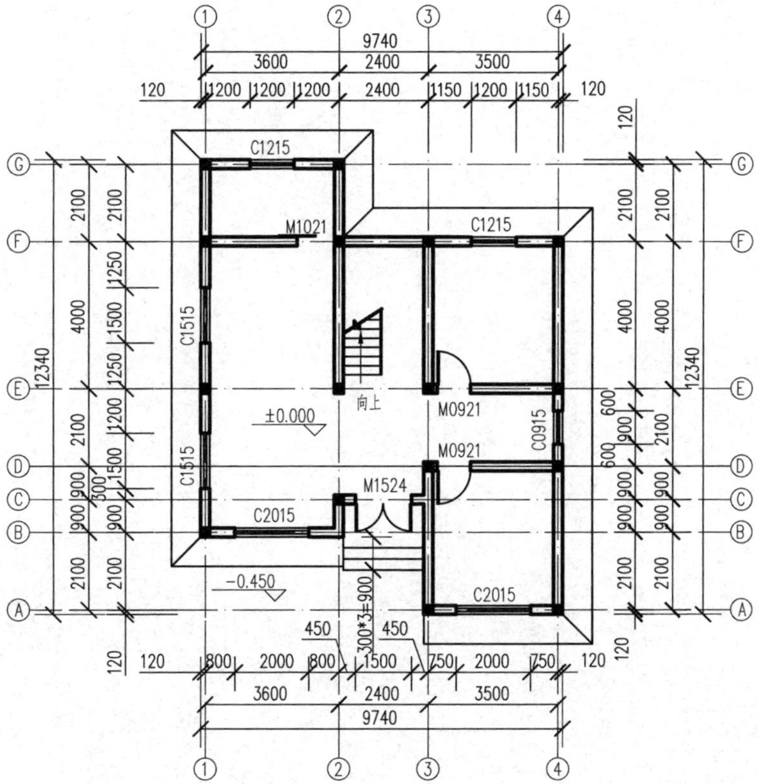

一层平面图 1:100

散水大样图 1:10

4.

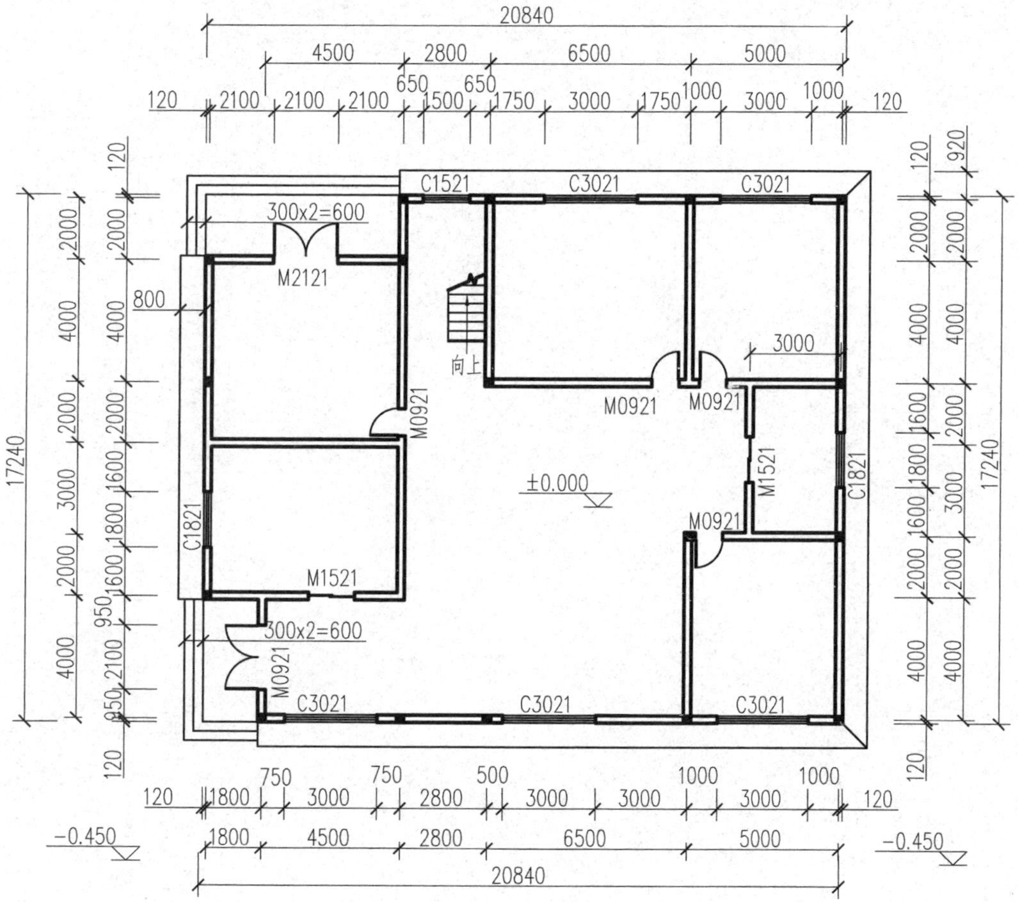

一层平面图 1:150

说明：
1. 柱子未定位处为轴线居中布置。
2. 墙体未定位处为轴线居中布置。
3. 散水高100mm。